Winand Virnich

Die Zentrumsfraction und der Kulturkampf

historisch-politische Betrachtungen

Winand Virnich

Die Zentrumsfraction und der Kulturkampf
historisch-politische Betrachtungen

ISBN/EAN: 9783743414488

Hergestellt in Europa, USA, Kanada, Australien, Japan

Cover: Foto ©ninafisch / pixelio.de

Manufactured and distributed by brebook publishing software (www.brebook.com)

Winand Virnich

Die Zentrumsfraction und der Kulturkampf

Die Centrumsfraction
und
der Culturkampf.

Historisch-politische Betrachtungen

von

Dr. Winand Virnich,

Mitglied des preußischen Abgeordnetenhauses.

Nec soli cedit.

Mainz.
Verlag von Franz Kirchheim.
1879.

Die Centrumsfraction und der Culturkampf.

Historisch-politische Betrachtungen

von

Dr. Winand Virnich,
Mitglied des preußischen Abgeordnetenhauses.

Nec soll cedit.

Mainz.
Verlag von Franz Kirchheim.
1879.

Der größere Theil der vorliegenden Arbeit wurde bereits vorigen Herbst noch vor den neuen Culturkampf=debatten im preußischen Landtage geschrieben, dann aber, weil der Verfasser die Veröffentlichung derselben für über=flüssig, oder doch nicht mehr für opportun hielt, zurück=gelegt. Erst eine neuerdings von befreundeter Seite an denselben gerichtete dringende Aufforderung bewog ihn dazu, jetzt noch nachträglich die Schrift zu vollenden und sie, vielfach mit Zusätzen vermehrt, der Oeffent=lichkeit zu übergeben.

Inhalt.

	Seite
I. Vorbemerkung.	5
II. Die Lage der Katholiken in Preußen vor Erlaß der Verfassungs-Urkunde.	10
III. Die großdeutsche und katholische Fraction im deutschen Parlamente und preußischen Landtag 1848–1868.	17
IV. Die Fraction des Centrums und die Culturkampfperiode von 1871–1879.	34
V. Die Lage und Aufgabe der Centrumspartei in Gegenwart und Zukunft.	57

I.
Vorbemerkung.

„Die Eintracht in einem Volke ist allerdings ein großes Gut, und wer sie bricht, hat die größte Verantwortlichkeit auf sich geladen. Der aber bricht sie, der mit List oder Gewalt oder mit beiden zugleich gegen wohlbegründete Rechte und Freiheiten vorschreitet, keineswegs aber der Andere, welcher die angegriffenen vertheidigt und die Ungebühr abwehrt."

Görres, Athanasius; Vorrede zur zweiten Ausgabe.

Die Centrumsfraction wurde bereits bei ihrer Gründung auf das Heftigste von officiöser Seite angegriffen. Damals schon behaupteten mit ebenso großer Grundlosigkeit und Zähigkeit wie heute officiöse Federn, daß die Bestrebungen der Fraction von Seiten des römischen Stuhles mißbilligt würden. Als dann der unselige Culturkampf, der schon seit einigen Jahren seinen Schatten vorhergeworfen hatte, nun wirklich in Scene gesetzt wurde, erneuerte sich die Fabel von Wolf und Lamm, und jetzt wurde von jener Seite die Fraction des Centrums sogar als Ursache des Culturkampfes ausgegeben. Natürlich! wer sollte es denn sonst sein? — das Karnikel hatte ja angefangen! Eine wahre Fluth von Schmähungen und Verläumdungen ergoß sich über die Fraction und die einzelnen Mitglieder derselben. Ganz besonders aber waren es die hervorragendsten Personen der Partei, welche als „Reichsfeinde", „Vaterlandsverräther" und wie sonst die schönen Titulaturen alle heißen mögen, dem deutschen Volke denuncirt wurden. Der hochselige Bischof von Mainz, Wilhelm Emmanuel, Freiherr von Ketteler, sah sich in Folge dieser heftigen Angriffe veranlaßt, in einer eigenen, im Jahre 1872 erschienenen Schrift[1]) jene Anfeindungen ohne Maß und Zahl ganz entschieden zurückzuweisen und die Bestrebungen der Fraction vor aller Welt klar zu stellen. Jetzt, wo die Früchte des Culturkampfes reifen, und alle Welt sieht, daß er das junge preußisch-deutsche Reich bereits an den Rand des Abgrundes gebracht hat, kann dem Anscheine nach auch der allgewaltige Mann, der die Geschicke unseres Vaterlandes augenblicklich in seiner Hand hat, dem fast allgemeinen Wunsche nach Aufhören des kirchenpolitischen Kampfes nicht länger widerstehen. Auf seine Veranlassung kam der päpstliche Nuntius nach Kissingen, und es wurde hier zwischen Kanzler und Nuntius verhandelt, nachdem diesen Verhandlungen schon ein Briefwechsel zwischen Papst und Kaiser vorhergegangen war. Aber merkwürdiger Weise haben die in Kissingen stattgehabten Unterredungen keinen Erfolg gehabt. Wie es heißt, wird zwar jetzt noch zwischen Berlin und Rom unterhandelt, aber die Verhandlungen scheinen sich hinzuschleppen, ohne daß auch bis jetzt noch ein nennenswerthes Resultat, das zum Frieden führen könnte, erreicht wäre. Wer nun trägt, wenn man der officiösen Presse Glauben schenken will, die Schuld an dem Scheitern der Kissinger Verhandlungen? Wiederum natürlich ganz und allein nur die Fraction des Centrums. Mit derselben Unermüdlichkeit, mit derselben unverbesserlichen Hartnäckigkeit werden die alten Unwahrheiten, daß die Thätigkeit und die Bestrebungen der Centrumsfraction von Seiten Roms mißbilligt würden, neu wieder aufgewärmt, und man versucht, die hervorragenden Mitglieder der Fraction, besonders aber den um die katholische Sache hochverdienten Abgeordneten für Meppen, auch jetzt wieder durch die gewöhnlichsten Verdächtigungen und Verleumdungen beim deut-

---

1) Die Centrumsfraction auf dem ersten deutschen Reichstage. Von Wilhelm Emmanuel, Freiherr von Ketteler, Bischof von Mainz. Mainz, 1872. Kirchheim.

schen Volke anzuschwärzen. Auch nun wieder heißt es und wird von officiöser Seite ohne Aufhören ausgestreut, daß, wie die Centrumsfraction die Ursache des kirchenpolitischen Kampfes sei, sie nun auch ganz allein das Hinderniß zur Beilegung des Culturkampfes bilde.

Der Grund dieser officiösen Kampfesweise liegt nahe. Man will die Centrumsfraction, welche als Vorkämpferin der bürgerlichen wie religiösen Freiheit gewissen hochmögenden Leuten ein Dorn im Auge ist, welche allein unter allen politischen Parteien in Deutschland dem Erfolge nicht gehuldigt und das Knie vor Baal nicht gebeugt hat, vernichten, oder, wenn das nicht geht, auf alle mögliche Weise beim deutschen Volke, besonders aber bei den Wählern verdächtigen, um so mindestens einen Mißton zwischen Wahlkörperschaften und Gewählten hervorzubringen.

Aber mit Gottes Hilfe wird es den Gegnern nicht gelingen, Mißtrauen unter uns zu säen und einen solchen Riß in das katholische Volk hineinzutragen. Im Gegentheil, unser Volk ist im langen Kampfe gegen feindliche Arglist und Tücke gewitzigt, es kennt bereits die nicht mehr neuen Schliche seiner Gegner. Alle die schönen Phrasen, womit man das katholische Volk einlullen will und mit denen man dasselbe umgaukelt, tönen dieselben auch noch so friedlich, ziehen nicht. Mit mehr Liebe als je zuvor — die jüngsten Reichstagswahlen und die zahllosen den wackeren Paladinen der Centrumsfraction dargebrachten Huldigungen und Liebesbezeugungen zeigen es — hängt das Volk an seinen Gewählten, die es im harten Kampfe treu befunden hat. Ja selbst sogar im gegnerischen und protestantischen Lager gehen manchen Leuten jetzt die Augen auf, und fängt man auch hier an, immer mehr Hochachtung vor den unwandelbaren Grundsätzen der Centrumsfraction und dem Geiste zu bekommen, der sie hervorgebracht hat und auf dem sie beruhen.

Ist es doch, wie wir es nochmals sagen, die Fraction des Centrums allein, welche in dieser wankelmüthigen und charakterlosen Zeit Charakter gezeigt und in der Vertheidigung der religiösen und bürgerlichen Rechte sich stets und immer treu geblieben ist. Sie allein ist es, deren Mitglieder in der jüngst verflossenen Gründerzeit den Lockungen des irdischen ungerechten Mammon widerstanden. So hat die Centrumsfraction mit Gottes Hülfe ihre Fahne stets hoch und unbefleckt zu halten gewußt. Sie hat sich in der schrecklichen Culturkampfsperiode gegenüber den Drohungen der Mächtigen dieser Erde ebenso unbeugsam gezeigt, wie sie für den Sirenengesang und für goldene Versprechungen, welche dazu dienen könnten, sie ins andere Lager hinüberzuziehen, kein Ohr haben wird.

Nachstehende Zeilen nun sollen dazu beitragen, im deutschen Volke diese Hochachtung und Liebe für die Devise des Centrums, für Wahrheit, Freiheit und Recht neu zu beleben. Auf der Fahne, welche das Centrum muthig im Geisterkampfe entrollt hat, steht diese Devise geschrieben; aber entnommen hat es sie aus dem Herzen des deutschen Volkes. Dadurch aber wird unsere Aufgabe leicht.

Indem wir einen Rückblick auf frühere Zeiten und auf die Geschichte der Centrumsfraction werfen und so die Art und Weise am Wirksamsten beleuchten, wie das Centrum für die heiligsten Interessen der Gesammtheit des deutschen und insbesondere des katholischen Volkes stets eingetreten ist, werden wir zu zeigen versuchen, daß die Fraction des Centrums in unserer Zeit und in unseren Verhältnissen eine Nothwendigkeit ist, und daß, wenn die Fraction nicht schon da wäre, sie neu geschaffen werden müßte. Auch dem blödesten Auge hoffen wir klar zu machen, daß die Centrumsfraction, mag der nun vom deutschen Volke so sehnlichst begehrte Frieden, oder vielmehr der „Waffenstillstand", wie Fürst Bismark sich auszudrücken beliebt, zwischen Staat und Kirche zu Stande kommen oder nicht, darum als eminent p o l i t i s c h e Fraction doch noch nicht vom Schauplatze der Geschichte verschwinden wird.

Trotzdem der Verfasser gegenwärtiger Schrift es ängstlich vermieden hat, in ihr die ungeheuerlichen und bedauernswerthen Scenen des gegenwärtigen Culturkampfes weiter auszumalen, wird sie doch vielleicht wegen der in ihr enthaltenen Thatsachen und der ins Gedächtniß zurückgerufenen geschichtlichen Wahrheiten manchen von gewissen preußischen Reichsillusionen befangenen Leser nicht gerade angenehm berühren. Aber diesen gegenüber weist der Verfasser auf die Worte hin, mit welchen einst Görres die erste Auflage seines „Athanasius" einleitete: „Die Schrift lärmt nicht und verhetzt nicht, sie sucht nur den Dingen auf den Grund zu sehen."

II.
Die Lage der Katholiken in Preußen vor Erlaß der Verfassungsurkunde.

Meminisse juvabit!

Als unsere Vorfahren dem preußischen Staate ohne ihr Zuthun einverleibt wurden, war die katholische Kirche in diesen Landen keineswegs rechtlos. Unbeschränkte Gewissensfreiheit und freie Religionsübung war uns Katholiken in feierlichen Verträgen und Patenten förmlich zugesichert, welche bis auf die Friedensschlüsse des Reformationszeitalters, beziehungsweise bis auf den westfälischen Frieden zurückgehen, und deren Stipulationen zuletzt noch in dem Reichsdeputationshauptschlusse von 1803 und in der Rheinbundsacte vom Jahre 1806 neu bestätigt wurden. So heißt es beispielsweise in § 63 des Reichsdeputationshauptschlusses von 1803: „Die bisherige Religionsübung eines jeden Landes soll gegen Aufhebung und Kränkung aller Art geschützt sein, insbesondere jeder Religion der Besitz und der ungestörte Genuß ihres eigenthümlichen Kirchengutes, auch Schulfonds nach Vorschrift des westfälischen Friedens ungestört verbleiben." — Durch die Rheinbundsacte vom 12. Juli 1806 und die daran sich anschließenden Accessionsverträge protestantischer Fürsten wurde den Katholiken selbst in den zum Rheinbunde gehörigen protestantischen Ländern mit den Protestanten gleiche öffentliche Religionsübung zugesichert. Trotzdem sahen speciell die katholischen Rheinländer mit ihren Erinnerungen an eine großartige Vergangenheit, in welcher sie der freiesten Institutionen in jeder Beziehung sich erfreut hatten, und weil sie aus churfürstlicher und reichsstädtischer Zeit gewohnt waren, daß auf dem Katholicismus als Staatsreligion alle ihre politischen Einrichtungen beruhten, nicht ohne Angst und Bangen der Zukunft entgegen, als sie der preußischen Monarchie, der festen Burg des Protestantismus, einverleibt wurden. In dem bisherigen Preußen hatte für die katholische Kirche ein wenig freundlicher Geist geweht[1]), der sich insbesondere in einigen dem Katholicismus auf's Höchste feindseligen Bestimmungen des preußischen allgemeinen Landrechtes[2]) enthüllte und sich auch in den Verwüstungen zeigte, welche die katholische Kirche in Schlesien seit der Besitzergreifung durch Preußen erlitten hatte[3]). Aber außer der Bundesacte vom Jahre 1815, welche die Bekenner der katholischen Kirche in Deutschland darüber

---

1) Wer einen weiteren Beweis dafür bedarf, bis zu welchem Grade dieser Geist fast zur anderen Natur und gleichsam zur Lebenspolitik des Staates geworden war, den verweisen wir auf die höchst interessanten Documente in der eben erschienenen von der preußischen Archivverwaltung herausgegebenen Schrift: „Preußen und die katholische Kirche seit 1640. Nach Acten des geheimen Staatsarchives von Dr. Max Lehmann." Leipzig 1878.

2) Siehe insbesondere Theil II Titel XI Abschnitt 3 §§ 117, 118, 119, 135, 136, 137, 138, 139, 140.

3) Den Katholiken Schlesiens, welche sich außerdem noch auf den westfälischen Frieden berufen konnten, war indessen wiederholt besonders in den Patenten vom 1. December 1740 und 15. Januar 1742, sowie in den Friedensverträgen vom 11. Juni und 28. Juli 1742, von 1745, 1763 und 1779 feierlich die freieste Ausübung ihrer Religion, und in Bezug darauf die Aufrechthaltung des status quo ante versprochen worden. Vergl. Laspeyres, Geschichte und heutige Verfassung der katholischen Kirche. Halle 1840. — Laspeyres erwähnt noch besonders die Worte Königs Friedrich II.: „Dem Klerus und dem Bischofe, als dessen Haupte, die Ausübung der bischöflichen und allerseits geistlichen Gerechtsame, so wie Sie selbige bei dero Eintritt in Schlesien angetroffen, lassen zu wollen" — sowie eine Stelle aus einem Edict vom Jahre 1793, worin es heißt: „Wir sind nicht gemeint, dem gegenwärtigen bischöflichen Vicariatamte und dem Herrn Bischofe die ihm zustehenden Rechte zu schmälern." Laspeyres a. a. O. I. S. 373.

vergewisserte, daß an die freie Ausübung ihres Bekenntnisses keinerlei bürgerliche und politische Rechtsbeschränkungen geknüpft seien [1]), war es besonders das Besitzergreifungspatent und die daran angeknüpfte Ansprache des Königs von Preußen vom 5. April 1815, welche die rheinländischen Katholiken in ihren Befürchtungen wohl zu beruhigen geeignet waren. Nicht allein, daß in dem Besitzergreifungspatent den Katholiken „der wirksamste Schutz ihres Glaubens" zugesichert wird, heißt es auch in der „Ansprache an die Einwohner der mit der preußischen Monarchie vereinigten Rheinlande" von gleichem Datum also: „Ihr werdet **gerechten** und **milden** Gesetzen gehorchen. **Euere Religion, das Heiligste, was dem Menschen angehört, werde ich ehren und schützen.** Ihre Diener werde ich auch in ihrer äußeren Lage zu verbessern suchen, damit sie die Würde ihres Amtes behaupten. Ich werde einen bischöflichen Sitz, eine Universität und Bildungsanstalten für Euere Geistlichen und Lehrer unter Euch errichten [2])." Besänftigend auf die geängsteten Gemüther der Katholiken in den neu erworbenen Landestheilen wirkten aber auch die Verhandlungen, welche die Krone Preußen mit Rom zur Regelung der Diöcesanverhältnisse und sonstiger katholischen

---

1) Artikel XVI.
2) Aehnlich lautet die mit dem Besitzergreifungspatente vom 15. Mai 1815 verknüpfte „Allerhöchste Ansprache an die Einwohner des Großherzogthums Posen" vom gleichen Tage, worin neben der Aufrechthaltung der katholischen Religion und der standesgemäßen Dotirung ihrer Diener die Gleichberechtigung der polnischen Sprache mit der deutschen in allen öffentlichen Verhandlungen den dortigen Polen zugesichert wird. Für die Erzdiöcese Gnesen-Posen und die Diöcesen Culm und Ermeland kommt noch dazu der Warschauer Tractat vom 18. September 1773 in Betracht, welcher in Artikel 8 die feierliche Zusicherung gibt, daß dem römisch-katholischen Religionstheile in Bezug auf Kirchen und Kirchengut, sowie in Bezug auf Religionsübung und Kirchenzucht der status quo erhalten, und daß auch die Krone Preußen sich niemals ihrer Souveränetätsrechte zum Schaden dieses status quo bedienen solle. Vgl. Laspeyres a. a. O. S. 432 ff.

Angelegenheiten anknüpfte, und die zu der Convention führten, welche in der Bulle de salute animarum vom 16. Juli 1821 zum Ausdruck gekommen ist. Diese Bulle wurde zudem, gemäß königlicher Cabinetsordre vom 23. August 1821, durch die preußische Gesetzsammlung „als bindendes Statut der katholischen Kirche des Staates" publicirt, und darin den Bischöfen alle ihre Rechte, Ehren, Vorzüge und Freiheiten garantirt. Zu beklagen ist nur, daß die Ausführung dieser Bulle in manchen Beziehungen lange auf sich warten ließ. Beispielsweise sind die Bestimmungen derselben, wonach die Dotationen und Einkünfte der einzelnen Diöcesen radicirt und bis zum Jahre 1833 auf die Staatswaldungen, beziehungsweise auf sonstige Grundstücke angewiesen werden sollen, bis auf den heutigen Tag nicht ausgeführt worden. Auch ließ die verheißene bleibende und ausreichende Ausstattung der Diöcesaninstitute in mancher Beziehung zu wünschen übrig.

Das Mißtrauen, welches unsere Vorfahren der neuen Lage der Dinge entgegen gebracht hatten, erhielt aber unterdessen neue Nahrung durch das katholikenfeindliche, auch dem minder klar Sehenden durchsichtige Verfahren der protestantischen Propaganda, welches von Seiten der Regierung nicht nur nicht gemißbilligt, sondern eher auf's Aeußerste unterstützt zu werden schien.

So entstanden in den westlichen Landestheilen an Orten, wo man früher den Protestantismus kaum dem Namen nach gekannt, wohlorganisirte neue protestantische Pfarrsysteme, und namentlich wurden die katholischen Provinzen mit unverheiratheten protestantischen Civil- und Militärbeamten jeder Rangstufe förmlich überschwemmt, denen dann die Ehe mit katholischen Frauen und daraus zu erzielende protestantische Descendenz sehr nahe gelegt war. Die Protegirung der gemischten Ehe galt in jener Zeit der preußischen Regierung als ein wichtiges Ziel der preußischen Staatskunst, wie selbst der Staats- und Cultusminister von Raumer am 12. Februar 1853 in einer Sitzung der zweiten Kammer eingestand[1]). Die durch die Gesetzsammlung publicirte Allerhöchste Cabinetsordre vom 17. August 1825, wodurch die in den östlichen Provinzen der Monarchie gültige Verordnung vom 21. November 1803 auch auf die westlichen Provinzen Rheinland und Westfalen ausgedehnt wurde, gibt hierüber volle Klarheit. Während noch das preußische allgemeine Landrecht[2]) bestimmte, daß bei gemischten Ehen die Söhne in der Religion des Vaters, die Töchter in dem Glaubensbekenntnisse der Mutter bis zum zurückgelegten vierzehnten Lebensjahre unterrichtet werden sollten, wurde durch jene in allen Amtsblättern zu findende Verordnung vom 21. November 1803 diese Bestimmung des allgemeinen Landrechtes dahin declarirt, daß die ehelichen Kinder ohne Unterschied des Geschlechtes in dem Glaubensbekenntnisse des Vaters erzogen werden sollen. Die Verordnung vom 17. August 1825 bestimmte für die westlichen Provinzen noch dazu, daß die seither von Verlobten dieserhalb eingegangenen Verpflichtungen als unverbindlich anzusehen seien. Leider standen manche katholische Bischöfe jener Zeit nicht auf der Höhe der Situation, und einzelne von ihnen gingen in ihrer Connivenz gegen die Regierung wohl gar so weit, daß in ihrer Person mehr das Amt des preußischen Geheimeraths, als das des kirchlichen Würdenträgers zur Geltung zu kommen schien. Zu der Frage über die Mischehen gesellte sich nun auch noch die Irrlehre des von der preußischen Regierung nicht gerade unbegünstigten Hermesianismus, welche die Gemüther der Katholiken besonders am Rheine in Spannung hielt.

Doch wir wollen hier nicht weiter auf die Geschichte jener kirchlichen Wirren, die wir bei unseren Lesern als allbekannt voraussetzen können, näher eingehen. Gott erweckte in dem unsterblichen Nachfolger des Grafen von Spiegel auf dem erzbischöflichen Stuhle zu Köln, Clemens August, Freiherrn von

---

1) Siehe Stenographische Berichte über die Verhandlungen der zweiten Kammer. Session 1852—1853. Erster Band. S. 414. Berlin 1853
2) Siehe Theil II, Titel 2, § 76.

Droste-Vischering, sowie in dem Erzbischofe von Posen, Martin, Freiherrn von Dunin, Heldenseelen, die durch ihre unbeugsame Festigkeit die Bande, welche die katholische Kirche in Preußen vollends zu erdrücken drohten, zerrissen. Das Ereigniß der Gefangennahme des Kölner Erzbischofes und seiner gewaltsamen Abführung nach der Festung Minden am 20. November 1837 war das Signal, welches die Morgenröthe der Freiheit und Selbstständigkeit der katholischen Kirche in Deutschland verhieß, da dadurch allgemein das kirchliche Bewußtsein neu geweckt und gestärkt wurde. Eine Reihe von wackeren Vertheidigern der kirchlichen Rechte, an ihrer Spitze Joseph von Görres mit seinem berühmten „Athanasius", traten für die bedrängte Kirche in die Schranken, und ihr beredtes und für das Höchste begeistertes Wort zündete auch in dem Lauesten die Flammen des muthigen katholischen Glaubens und der bereitesten Opferwilligkeit. Aber nichts destoweniger dauerte es noch geraume Zeit, ehe die katholische Kirche in Preußen freier athmen durfte. Zwar hatte schon König Friedrich Wilhelm IV. bald nach seiner am 1. Juni 1840 erfolgten Thronbesteigung die Entlassung des Posener Erzbischofs aus dem Gefängniß und die Rückkehr in seine Diöcese angeordnet (29. Juli 1840) und auch das an dem Kölner Erzbischofe Clemens August begangene Unrecht durch eine öffentliche Ehrenerklärung und seine Freilassung aus der Haft in etwa wieder gut zu machen gesucht, worauf die Kölner Wirren in bekannter Weise ausgeglichen wurden. Auch das placetum regium, welches bis dahin von der Krone Preußen stets beansprucht und vom preußischen allgemeinen Landrechte aufrecht erhalten worden war, wurde durch das Ministerialrescript vom 1. Januar 1841, welches den preußischen Bischöfen den freien Verkehr mit Rom gestattete, durchlöchert. Aber im Uebrigen war es ziemlich beim Alten geblieben, und es bedurfte erst der gewaltigen Stürme des Jahres 1848, welche auch die deutschen Throne ans Wanken brachten, ehe die Fesseln, in welche die katholische Kirche in Deutschland gelegt war, vollends gelöst wurden. Die deutschen Fürsten und Völker begannen jetzt erst wieder einzusehen, daß die Religion das Fundament der Kronen, und somit Staat und Kirche aufeinander angewiesen seien, wie andererseits auch, daß ohne religiöse keine bürgerliche Freiheit aufrecht zu erhalten sei. Die Saat, welche in der Zeit der Kölner Wirren die großen Bekenner auf den erzbischöflichen Sitzen von Köln und Posen durch ihr muthiges Ausharren und standhaftes Dulden für die Freiheit der Kirche ausgestreut, fing jetzt an aufzugehen, und der Nachfolger des hochseligen Erzbischofes Clemens August auf dem Kölner Bischofsstuhle konnte nun, wo die Erndte reif zu sein schien, die deutschen Kirchenfürsten als seine Amtsgenossen im Herbste des Jahres 1848 auf den Kirchentag nach Würzburg zur Formulirung der unverjährbaren, weil göttlichen Forderungen der katholischen Kirche an den Staat einladen. Auch Görres, der erste wackere Streiter in damaliger Zeit für Wahrheit, Freiheit und Recht, sah noch, ehe er seine müden Augen am 29. Januar 1848 schloß, die Wetterzeichen der kommenden neuen Zeitperiode, welche die nun aufgehende kirchliche Freiheit bringen sollten, und deren Nahen er so oft in prophetischem Geiste verkündet hatte. Jüngere Kräfte sollten jetzt die Aufgabe des verewigten Vorkämpfers für Wahrheit, Freiheit und Recht übernehmen, muthig mit dem Schwerte des Geistes und der Schneide des mündlichen und schriftlichen Wortes für die Freiheit und Unabhängigkeit der katholischen Kirche in die Schranken zu treten.

III.

Die großdeutsche und katholische Fraction im deutschen Parlamente und preußischen Landtag 1848—1868.

Pro Deo et patria!

Die Wogen der im Februar des Jahres 1848 in Paris ausgebrochenen Revolution hatten schließlich ganz Deutschland überfluthet, und es war kein Wunder mehr, daß der Ruf nach Freiheit, der das Frankfurter deutsche Parlament und die Berliner preußische Nationalversammlung geschaffen, schließlich auch der katholischen Kirche zu Gute kommen mußte, wenn auch die Hauptfreiheitshelden nichts weniger als dies beabsichtigt hatten. Nach langen und heftigen Debatten, die bereits am 22. August begonnen hatten, wurde endlich am 12. September 1848 vom Frankfurter Parlamente der Grundsatz der kirchlichen Autonomie in die deutsche Reichsverfassung aufgenommen, zugleich legte aber der Ausschluß der Jesuiten und Redemptoristen vom deutschen Boden durch dieselbe Reichsverfassung Zeugniß ab von dem in den maßgebenden Kreisen noch immer herrschenden Mißtrauen gegenüber der katholischen Kirche. Die preußische Nationalversammlung folgte bald dem vom Frankfurter Parlamente gegebenen Beispiele, indem ihre damit betraute Centralcommission im Artikel 15 des preußischen Verfassungsentwurfes die Freiheit und Selbstständigkeit der Kirche auch ihrerseits proclamirte, welcher Satz alsdann, nachdem inzwischen die preußische Nationalversammlung aufgelöst worden war, als Artikel 12 in die vom preußischen Könige verliehene

Verfassungsurkunde vom 5. December 1848 in folgender Form Aufnahme fand: „Die evangelische und römisch-katholische Kirche, sowie jede andere Religionsgesellschaft ordnet und verwaltet ihre Angelegenheiten selbstständig und bleibt im Besitze und Genuß der für ihre Cultus-, Unterrichts- und Wohlthätigkeitszwecke bestimmten Anstalten, Stiftungen und Fonds." Solche der katholischen Kirche gegenüber wahrhaft freisinnigen Grundsätze, welche nicht allein an dieser Stelle, sondern auch in sonstigen Artikeln der octroyirten Verfassung vom 5. December 1848 [1]) ausgesprochen sind, fanden dann endlich nach gründlichen und durchgreifenden Erörterungen in den Ausschüssen und im Plenum der beiden Kammern des preußischen Landtages als Grundrechte der preußischen Katholiken definitive Aufnahme in die revidirte Verfassungsurkunde vom 31. Januar 1850. Hier heißt es Artikel 12: Die Freiheit des religiösen Bekenntnisses, der Vereinigung zu Religionsgesellschaften und der gemeinsamen häuslichen und öffentlichen Religionsübung wird gewährleistet. Der Genuß der bürgerlichen und staatsbürgerlichen Rechte ist unabhängig von dem religiösen Bekenntnisse... Artikel 14: Die christliche Religion wird bei denjenigen Einrichtungen des Staates, welche mit der Religionsübung im Zusammenhang stehen, unbeschadet der im Artikel 12 gewährleisteten Religionsfreiheit zum Grunde gelegt. Artikel 15: Die evangelische und römisch-katholische Kirche u. s. w. (Siehe den oben angeführten Artikel 12 der octroyirten Verfassung vom 5. December 1848.) Artikel 16: Der Verkehr der Religionsgesellschaften mit ihren Obern ist ungehindert. Die Bekanntmachung kirchlicher Anordnungen ist nur denjenigen Beschränkungen unterworfen, welchen alle übrigen Verordnungen unterliegen. Art. 18: Das Ernennungs-, Vorschlags-, Wahl- und Bestätigungsrecht bei Besetzung kirchlicher Stellen ist, soweit es dem Staate zusteht und nicht auf dem Patronate oder besonderen Rechtstiteln beruht, aufgehoben... Artikel 24: Bei der Errichtung öffentlicher Volksschulen sind die confessionellen Verhältnisse möglichst zu berück-

---

[1]) Siehe Artikel 12—15 und 21.

sichtigen. Den religiösen Unterricht in der Volksschule leiten die betreffenden Religionsgesellschaften." ... Das war wahrhaft eine magna charta libertatum für die preußischen Katholiken, welche bisheran an die landrechtlichen Grundsätze der staatlichen Bevormundung und Unterdrückung der katholischen Kirche gewohnt waren. Nicht allein, daß die Freiheit und Selbstständigkeit der katholischen Kirche dem Staate gegenüber jetzt grundsätzlich anerkannt wurde, es war ihr auch noch im Hinblick auf die früher stattgehabten Säcularisationen des Kirchengutes die Unverletzlichkeit des kirchlichen Vermögens und die Fortdauer der staatlichen Leistungen zu demselben garantirt. Die katholische Kirche in Preußen, frei von den früheren Fesseln, lebte jetzt von Neuem auf, und unsere Bischöfe, voran der unvergeßliche Cardinal-Erzbischof von Köln, Johannes von Geißel, nahmen auf Grund der jetzt durch die Staatsverfassung garantirten Freiheit und Selbstständigkeit der Kirche von nun an die Regelung der innern und äußern kirchlichen Angelegenheiten ohne Duldung einer Einmischung von Seiten des Staates für sich allein in Anspruch.

Dieses erfreuliche Resultat war nächst Gott der Initiative eines hochherzigen christlichen Monarchen, dem edlen Könige Friedrich Wilhelm IV. von Preußen, vor allem aber dem festen Auftreten des katholischen Volkes und seiner wackeren Vertreter zu verdanken, welche dasselbe zur Wahrung seiner religiösen und bürgerlichen Interessen auf die eben eröffnete parlamentarische Arena geschickt hatte. Bei den über die religiösen Grundrechte handelnden Debatten sowohl im Frankfurter Parlamente, wie auch in der preußischen Nationalversammlung und in den preußischen Kammern hatte sich nämlich zum ersten Male ein Häuflein gleichgesinnter katholischer Männer zur Vertheidigung der unveräußerlichen Rechte Gottes und seiner Kirche zusammengefunden, welche sowohl durch Wissen und sociale Stellung, wie auch durch ihre hervorragende und seltene Beredsamkeit bald die allgemeine Aufmerksamkeit auf sich zu ziehen wußten. Ihrem Worte, ihrem Einflusse, noch mehr aber der Beharrlichkeit, womit sie für die katholischen Grundsätze auf der parlamentarischen Tribüne eintraten, war es mit zu danken, daß die Dinge in Preußen sich damals für uns Katholen schließlich besser gestalteten, als Viele von uns hoffen zu dürfen geglaubt hatten. Es ist wohl eine Pflicht der Dankbarkeit, an diesem Orte die Namen der bedeutendsten dieser Männer in's Gedächtniß zurückzurufen, welche im Frankfurter und Erfurter Parlamente, sowie in der preußischen Nationalversammlung und in den beiden ersten Legislaturperioden des preußischen Landtages in der ersten und zweiten Kammer die Rechte der Kirche vertraten und welche so veranlaßten, daß bald eine größere Anzahl von Katholiken wegen der gleichen Anschauungen und der gemeinsamen Interessen sich zusammenfanden. In der großdeutschen Fraction des Frankfurter Parlamentes finden wir neben anderen Namen von hervorragenden und bekannten Männern, von denen v. Radowitz, Arndts, Aulike, v. Bally, v. Linde, Junkmann, Wilhelm Emmanuel Freiherr v. Ketteler, Dr. Heinrich Förster, sowie Beda Weber, Feßler, Flir, Müller, Kutzen, v. Lasaulx, Dieringer, Deiters, Döllinger, Sepp, Knoodt u. s. w. zu nennen sind, auch bereits Dr. August Reichensperger und Osterrath; auf der preußischen Nationalversammlung in Berlin unter anderen Aldenhoven, Elfemann, Bauerband, Lensing, Walter und Peter Reichensperger, der mit seinem Bruder August und mit Rohden auch Mitglied des Erfurter Parlamentes war; in den beiden ersten Legislaturperioden des preußischen Landtages aber sammelten sich um Rohden, Osterrath und die beiden Reichensperger in dem sogenannten Club des Rheinischen Hofes ein wackeres Fähnlein von Abgeordneten, worunter wir Elfemann, De Syo, Pape, Obertribunalsrath Ulrich, Junkmann, Plaßmann, Wilderich Freiherr von Ketteler, Aldenhoven, Lensing, Schaffranek, Schneeweiß, Terbeck u. s. w. finden. In der ersten Kammer des preußischen Landtages war es vorzüglich Professor Walter, welcher auch bereits Mitglied der preußischen Nationalversammlung war, der nebst Bauerband und einigen wackeren Genossen für die

Rechte der Kirche muthig eintrat. Manche von diesen tapferen Vorkämpfern für Gottes und der Menschen Rechte sind noch unter den Lebenden und stehen noch heute, ich nenne nur die Namen der beiden Reichensperger, Osterrath und De Sy̆o, im Vordergrunde des parlamentarischen Lebens und mit an der Spitze der katholischen Bewegung; andere von ihnen, die auch zu den besten gehören, hat der unerbittliche Tod schon zu der ewigen Heimath, um himmlischen Lohn zu empfangen, abgeholt; ein sehr kleiner dritter Theil von ihnen endlich ist seinen früheren Grundsätzen untreu geworden und hat sich den Gegnern der Kirche als Sturmläufer zugesellt; aus Paulussen sind die Erbarmenswerthen umgekehrt Saulusse geworden.

So hatten sich allmälig und unbewußt, allein durch den Drang der Umstände hervorgerufen, schon gleich in der ersten Zeit unseres Parlamentarismus die Anfänge unserer heute so mächtigen Centrumspartei gebildet, und es ist die Continuität der katholischen Partei von damals und heute, sowohl was Personen, als was politisches Programm betrifft, unzweifelhaft. Wenn man nämlich die Grundzüge des Parteiprogrammes, oder vielmehr des politischen Verhaltens jener katholischen Abgeordneten aus der ersten Periode unseres parlamentarischen Lebens betrachtet, so gehörten sie wohl, wie die Mitglieder der heutigen Centrumspartei, der gemäßigten freisinnigen Opposition an, indem sie die Kraft ihres Wortes sowohl gegen die Gelüste des Scheinconstitutionalismus und der Kreuzzeitungspartei, wie gegen Diejenigen richteten, welche die Revolution auf ihre Fahne geschrieben und unter demokratischen Allüren versteckt, antimonarchische Tendenzen verfolgten. Die Hauptthätigkeit dieser Männer mußte aber den immer mächtiger werdenden Reactionsbestrebungen der Kreuzzeitungspartei gegenüber sich darauf richten, daß die durch die Verfassung gewährleistete Freiheit und Selbstständigkeit der katholischen Kirche in Preußen, vorzüglich aber auch, daß die durch dieselbe Verfassung garantirte Parität zwischen den anerkannten beiden christlichen Confessionen Wirklichkeit annehme und nicht allein auf dem

Papier zu finden wäre. Denn kaum waren die Wogen der Revolution in etwa verrauscht, als man die während der Volksaufstände von Seiten der Kirche dem Staate geleisteten Dienste wieder zu vergessen begann und man zu dem Glauben veranlaßt werden konnte, daß die die katholische Kirche und ihre Bekenner in Preußen betreffenden Verfassungsartikel wirklich nur auf das Papier niedergeschriebene Verheißungen bleiben sollten.

Deutlich zeigten sich diese in den maßgebenden Kreisen vorhandenen der katholischen Kirche feindseligen Gesinnungen in den bekannten Erlassen der Minister v. Raumer und v. Westfalen vom 22. Mai und vom 16. Juli 1852 betreffend das Verbot katholischer Volksmissionen und betreffend die Erlaubnißverweigerung zum Besuche römischer und sonstiger von Jesuiten geleiteten Unterrichts- und Erziehungsanstalten, nachdem schon früher ein Circularerlaß des Ministeriums vom 25. Februar 1851 sich mit den katholischen Volksmissionen beschäftigt hatte, welchen doch in den Revolutionsjahren zum großen Theil die Beruhigung der erregten Gemüther und die Bewahrung des Landes vor weiteren revolutionären Umtrieben zu danken war. Die schon früher in Fluß gerathene Paritätsbewegung unter den Katholiken bekam durch jene Ministerialerlasse erneuten Aufschwung und der tiefgehenden und allgemeinen Aufregung, welche jene Verfügungen in den katholischen Landestheilen hervorgerufen hatten, war es zu danken, daß bei den Abgeordnetenwahlen zum neuen Landtage am 3. November 1852 allerorts eine große Zahl von entschiedenen Katholiken aus der Wahlurne hervorging. Unter den neugewählten Abgeordneten befanden sich Hermann von Mallinckrodt, Otto, Frhr. v. Thimus, Pelzer, Lingens, Thissen, Eberhard, Frhr. v. Waldbott-Bornheim, Graf Joseph zu Stolberg-Stolberg auf Westheim, Dr. Krabbe, Westarp, Graf von Schaesberg Kriefenbeck, Theissing, Ziegler und andere hervorragende auserlesene Kämpen für Wahrheit, Freiheit und Recht, welche den schon in den früheren Landtagssessionen bewährt gefundenen Kräften würdig an die Seite traten. Am 29. November wurde der Landtag eröffnet, und schon einige Tage später traten durch die obigen Vorkommnisse veranlaßt 64 katholische Abgeordnete zusammen und gründeten die **katholische Fraction**, welche sich wie um die religiöse, so auch um die bürgerliche Freiheit, was selbst Stimmen aus dem gegnerischen Lager zugeben müssen[1]), die größten Verdienste erworben hat, und die darum in der Geschichte des preußischen Parlamentarismus unvergeßlich geworden ist.

Eine der ersten Thaten der katholischen Fraction nach ihrer Gründung betraf die große Angelegenheit der Verwirklichung der Parität unter den christlichen Confessionen. Nachdem schon im Laufe der vorhergehenden am 4. November 1851 eröffneten und am 19. Mai 1852 geschlossenen Kammersession von 1851—1852 die katholischen Abgeordneten beider Häuser des Landtages unter Vortritt des Herzogs von Ratibor dem Kultusminister von Raumer eine Bittschrift auf genügende Vertretung des katholischen Unterrichtswesens im Kultusministerium übergeben hatten, die aber nicht einmal einer Antwort gewürdigt worden war, richteten am 14. Dezember 1852 die katholischen Mitglieder beider Häuser des Landtages nach einer vorhergegangenen gemeinsamen Berathung, die Herren Herzog von Ratibor und Graf Joseph zu Stolberg=Stolberg an der Spitze, eine Immediateingabe an den König betreffend die **Errichtung eines besonderen Ministeriums** für die katholisch=kirchlichen und Unterrichtsangelegenheiten[2]). Ein förmlicher Bescheid auf diese Eingabe ist unseres Wissens ebenfalls nicht erfolgt. Zugleich verbunden mit dieser Action war der sogenannte, auch von nichtkatholischen Abgeordneten unterstützte von Waldbott'sche Antrag auf Erlaß einer Adresse an den König, worin um Auf-

---

1) Vergl. Parisius, Deutschlands politische Parteien, I. Bd., S. 20.
2) Man findet dieses interessante Actenstück abgedruckt in der „Denk= schrift über die Parität an der Universität Bonn mit einem Hinblick auf Breslau und die übrigen preußischen Hochschulen." Freiburg 1862. Seite 213 und in Nr. 76, II. Ausgabe der „Kölnischen Blätter" vom 16. März 1862.

hebung der Ministerialerlasse vom 22. Mai und 16. Juli 1852 gebeten werden sollte. Der Antrag wurde, nachdem der Central-Ausschuß der zweiten Kammer am 26. Januar 1853 schriftlichen Bericht darüber erstattet hatte, in der Sitzung vom 12. Februar nach einer langen und höchst interessanten Debatte in namentlicher Abstimmung mit 175 gegen 123 Stimmen abgelehnt. Merkwürdig war bei dieser Debatte, die wir in dem stenographischen Kammerbericht, oder auch in der von dem Abgeordneten Otto herausgegebenen Broschüre[1]) nachzulesen bitten, nicht allein das Resultat der Abstimmung, wo viele nicht der katholischen Fraction und Confession angehörige Abgeordnete von verschiedenen Seiten des Hauses für den Antrag stimmten, sondern auch, daß der Referent des Ausschusses, Abgeordneter von Gerlach), trotzdem er für seine Person dem Antrage feindlich gegenüberstand, nicht umhin konnte, der Wirksamkeit der Jesuitenmissionäre aus dem ihm vorliegenden größtentheils aus den Berichten protestantischer Beamten geschöpften Material, das er theilweise zur Verlesung brachte, das glänzendste Zeugniß zu ertheilen.

Es ist hier nicht der Ort, auf die Kämpfe, welche die katholische Fraction zur Herstellung der Parität in Preußen und zur Verwirklichung der Verfassung in Bezug auf die Freiheit und Selbstständigkeit der katholischen Kirche geführt hat, näher einzugehen. Wir verweisen in dieser Beziehung auf die stenographischen Berichte und Drucksachen der zweiten Kammer, sowie insbesondere auf die vom seligen Abgeordneten Otto herrührenden Rechenschaftsberichte über die Thätigkeit der katholischen Fraction in den verschiedenen Sessionen der dritten Legislaturperiode[2]). Nur einige dieser Arbeiten der katholischen

---

1) Vergl. „Die Ministerialerlasse vom 22. Mai und 16. Juli 1852 in der zweiten Kammer." Paderborn 1853. Schöningh.

2) Außer obiger Schrift kommen hier noch folgende vom Abgeordneten Otto verfaßte Schriften in Betracht: „Die katholischen Interessen bei den Budgetverhandlungen in den preußischen Kammern des Jahres 1852—1853." Paderborn 1853. Schöningh. — Die katholischen Interessen

Fraction wollen wir hier kurz berühren, insbesondere soweit an denselben noch der selige Abgeordnete Otto betheiligt ist, weil wir es dem Andenken dieses edlen Mannes schulden, welcher in der Vertheidigung der Rechte der katholischen Kirche, wie der Abgeordnete von Mallinkrodt in einer späteren Zeit, alle seine Kräfte aufzehrte und der durch seinen tragischen Tod, welcher ihn mitten im Kampfe für unsere heilige Sache auf der Rednerbühne des Abgeordnetenhauses ereilte, die allgemeinste Theilnahme auch der späteren Zeiten verdient [1]). Die Ver=

in den preußischen Kammern des Jahres 1853—1854. Düsseldorf 1854. Engels und Leusch. — Die Lage der Katholiken in Preußen am Schlusse der III. Legislaturperiode. Düsseldorf 1855. Engels und Leusch.

1) Abgeordneter Otto starb in der 33. Sitzung des preußischen Ab= geordnetenhauses der Session 1856—1857 am 17. März 1857 kurz nach Beginn der um 10 Uhr 55 Minuten begonnenen Sitzung auf der neu in der Nähe des jetzigen Ministertisches probeweise errichteten Rednertribüne an einem Herzschlage, als er eben zu dem Berichte der Kommission zur Prüfung des Staatshaushaltes vom 5. März 1857 (Nr. 152 der Druck= sachen) in Bezug auf die von ihm schon so oft besprochene Verletzung der den Katholiken verfassungsmäßig gewährleisteten Parität das Wort ergriffen hatte. Doch wir wollen, da der Moment überaus tragisch ist, es uns nicht versagen, den Vorgang nach dem stenographischen Bericht, Band I, S. 501, 503, 505, Bd. II, S. 527, zu erzählen:

Präsident (Graf zu Eulenburg): Die Sitzung ist eröffnet ... Ich habe zunächst dem hohen Hause mitzutheilen, daß probeweise die Red= nertribüne in jener Ecke (auf die Rechte deutend) angebracht ist . . . . Wir können nunmehr in die Tagesordnung eintreten und haben zunächst den Bericht der Kommission zur Prüfung des Staatshaushalts=Etats für die geistliche, Unterrichts= und Medicinal=Verwaltung zu berathen. Ich eröffne die Generaldiskussion. Der Abgeordnete Otto hat das Wort!

Abgeordneter Otto: Meine Herren! Ich darf wohl im All= gemeinen als bekannt annehmen, welche Anforderungen in Bezug auf die katholischen Interessen ich und meine Freunde seit Jahren bemüht gewesen sind, bei dem hohen Hause und der Königlichen Staatsregierung zur Geltung zu bringen. Ebenso bekannt wird es auch sein, daß unsere An= träge mit Ausnahme einiger weniger Punkte, welche Seitens der hohen Staatsregierung seitdem im Sinne der Gerechtigkeit ihre Regulirung ge= funden haben, was wir bereitwilligst dankbar anerkennen, im Ganzen ohne wesentlichen Erfolg geblieben sind. Die meisten jener Beschwerden sind

wirklichung und endliche Ausführung der durch Reichsgesetze und Tractate anerkannten und garantirten Rechte der katholi=

nun aber gegen Zustände gerichtet, (Ruf: Lauter!) welche gerade vom Jahresetat des geistlichen Ministeriums äußerlich getragen werden, und der vorliegende Etat, an dessen Feststellung wir uns mit zu betheiligen haben, ist es eben, (der Redner faßt mit der Hand nach dem Herzen und wiederholt die letzten Worte) welcher die Fortdauer der von uns ange= fochtenen Rechtskränkungen und Uebelstände . . . . (mit schwacher Stimme): Meine Herren! Ich bedauere recht sehr, ich kann nicht fort= fahren. . . . (Das Gesicht des Redners entfärbt sich plötzlich; er sinkt zu= sammen; mehrere Abgeordnete und die Herren Minister*) eilen zu seiner Unterstützung herbei und bringen ihn auf eine Bank. Nach einigen Mi= nuten wird er in das Ministerzimmer getragen. Allgemeine Theilnahme und Bewegung.)

Präsident (nach einer Pause): Meine Herren! Die Sitzung ist auf zehn Minuten unterbrochen. (Nach Verlauf von 10 Minuten): Meine hochgeehrten Herren! Der ernste Zufall, der sich in unserer Versammlung zugetragen hat und dessen Ausgang in diesem Augenblicke noch unsicher ist, wird es wohl wünschenswerth machen, daß wir die heutige Sitzung abbrechen und erst den Ausgang abwarten. (Bravo!) Ich bitte deßhalb, daß wir uns morgen um 10 Uhr hier wieder versammeln. Ich schließe die heutige Sitzung. (Schluß der Sitzung 11 Uhr 20 Minuten.)

Vierunddreißigste Sitzung am Mittwoch den 18. März. Präsident: Die Sitzung ist eröffnet . . . . Meine hochverehrten Herren! (Die Versammlung erhebt sich.) Das ergreifende Ereigniß, welches uns gestern nöthigte, die Sitzung abzubrechen, hat leider einen so ernsten Aus= gang genommen, wie wir Alle wohl schon voraussahen. Es ist ein Ab= geordneter aus unserer Mitte bei der Ausübung seiner Berufspflicht und von seinem Posten zur Ewigkeit abberufen worden. Wir werden sein Gedächtniß gewiß tief in unserer Erinnerung eingeprägt behalten. Es ist dadurch das Mandat für die Kreise Crefeld und Gladbach erledigt worden, und werde ich darüber die nöthige Anzeige an das Königliche Ministerium des Innern machen, damit die bezügliche Neuwahl veranlaßt werden kann Wir werden jetzt in die Tagesordnung eintreten. (Auf Vorschlag des Präsidenten wird nun wegen Behinderung eines Ministers mit Nr. 2 der Tagesordnung die Debatte begonnen, nach deren Beendigung der Präsident zu Nr. 1 der Tagesordnung, Prüfung des Staatshaushalts=Etats für das Ministerium der geistlichen, Unterrichts= und Medizinal=Angelegenheiten, dem Abgeordneten Reichensperger das Wort ertheilt.)

Abgeordneter Reichensperger (vom Platz): Sie werden nicht.

---

*) Am Ministertische befinden sich die Staatsminister von Raumer und von Westfalen

schen Kirche, die strengste Handhabung der Parität auf dem gesammten staatlichen Gebiete, insbesondere das Inslebentreten der verfassungsmäßigen Gleichberechtigung der beiden christlichen Confessionen auf dem Gebiete der Unterrichtsverwaltung und die stiftungsmäßige Verwendung der im Besitze des Staates befindlichen katholischen Kirchen= und Schulfonds, das waren die Ziele, welche die katholische Fraction sich gestellt und welche sie bei jeder Gelegenheit, sei es in eigenen Anträgen und In= terpellationen, sei es bei Gelegenheit der Budgetberathungen oder durch eingegangene Petitionen veranlaßt, zur Sprache brachte. Wir erinnern in dieser Beziehung an den Antrag Otto und Genossen vom 9. März 1853 auf Ausführung der in der Bulle de salute animarum von Seiten des preußischen

---

erwarten, meine Herren, daß wir, meine Freunde und ich, eingehend uns an dieser Debatte betheiligen, welche gestern durch ein so schmerzliches Ereigniß in ihrem Fortgang gehemmt worden ist. Auch dasjenige, was der Hingeschiedene zu sagen vorhatte, waren im Grunde nur Worte des Friedens; er wollte, wie wir das aus seinem Munde wissen, der Vorlage gegenüber seinen Ueberzeugungen ganz kurz Ausdruck geben — im Ueb= rigen hoffend auf die Macht — auf die stille allmälig wirkende Macht desjenigen, was er für das Recht hielt. Es ziemt sich hier nicht, als Freund Näheres über den Freund zu sagen, es bedarf dessen aber auch nicht, um Ihr Mitgefühl zu wecken — das haben Sie, meine Herren, gestern thatsächlich bekundet und soeben noch haben wir Entsprechendes aus dem Munde unseres geehrten Herrn Präsidenten gehört. Dem Hinge= schiedenen möge Gott die ewige Ruhe, den von ihm Zurückgelassenen aber denjenigen Trost gewähren, welcher allein bei ihm zu finden ist. (Tiefe Bewegung in der Versammlung.)

Fünfunddreißigste Sitzung am Donnerstag, 19. März. Vicepräsident von Arnim: Bevor wir in die Tagesordnung ein= treten, habe ich anzuzeigen, daß heute Nachmittag um 5 Uhr im Kloster der barmherzigen Schwestern im engeren Kreise der Freunde die Einseg= nung der Leiche unseres dahingeschiedenen Kollegen Otto stattfinden wird. Von da aus wird die Leiche nach dem Bahnhofe gebracht, um nach Düs= seldorf überführt zu werden. Sodann wird am Sonnabend um 9 Uhr Vormittags in der St. Hedwigskirche das Todtenamt celebrirt werden, wozu die näheren Bekannten des Verstorbenen die Mitglieder des Hauses hiermit einladen.

Staates übernommenen Verpflichtungen zur Dotirung der Bis=
thümer, Domcapitel und Diöcesaninstitute, an den Antrag Otto
und Genossen vom 9. Februar 1854 in Betreff der stiftungs=
mäßigen Verwendung der im Besitze des Staates befindlichen
Unterrichtsanstalten und Fonds, an den Antrag Rohden und
Genossen vom 28. Februar 1856 in Betreff der Wiederher=
stellung der geistlichen Gerichtsbarkeit in Bezug auf Ehesachen,
der am 11. December 1856 bei Gelegenheit der Einbringung
einer Regierungsvorlage über die Ehescheidung vom 1. Decem=
ber 1856, die indessen von der Kammer abgelehnt wurde, auf's
Neue eingebracht wurde, an den Antrag Reichensperger und
Genossen vom 2. Februar 1856 betreffend die Erhebung der
Akademie zu Münster zu einer katholischen Universität, an den
Antrag Eberhard und Genossen vom 23. Februar 1856 wegen
der Bewahrung des rechtlichen Charakters der Gymnasien zu
Bromberg und Wetzlar als katholische Unterrichtsanstalten, an
den Antrag Osterrath und Genossen vom 19. Februar 1856
wegen Regelung des Zehnten in der Provinz Schlesien, der
am 15. December 1856 erneut eingebracht wurde, sowie end=
lich an den Antrag der Abgeordneten Otto und Genossen vom
8. Februar 1856 in Betreff der alleinigen Verwendung des
westpreußischen und posen'schen Säcularisationsfonds für katho=
lische kirchliche Zwecke, dem ein gleichzeitiger ähnlich lautender
Antrag der Abgeordneten Graf Strachwitz und Genossen zur
Seite stand. Vorzüglich aber waren es die jährlich wiederkeh=
renden Etatsberathungen, bei welchen unaufhörlich die Klagen
und Beschwerden des katholischen Volkes über die Verletzung
der verfassungsmäßigen Parität und Nichtberücksichtigung ga=
rantirter und wohlerworbener Rechte durch den Mund seiner
gewählten Vertreter zur Sprache gebracht wurden, gerade wie
dieß noch heute der Ort ist, wo die klagende Stimme der
Centrumsmänner ohne Aufhören weit in das Land hinein er=
tönt.

Aber auch in bürgerlichen Angelegenheiten war die katho=
lische Fraction immer am Platze, wo es galt, die Fahne der

Freiheit hoch zu halten und die durch die Verfassung garantirten Rechte der Staatsbürger zu vertheidigen. Wie die Mitglieder der Fraction schon vor Gründung derselben fast ohne Ausnahme meist der freisinnigen Opposition angehört hatten, so waren sie jetzt in den schweren Zeiten der Reaction noch mehr und beinahe ganz allein der Hort, wo die bürgerliche Freiheit gegen die rückgängigen Bestrebungen der wieder übermüthig gewordenen Kreuzzeitungspartei Schutz fand, indem sie den so beliebten Verfassungsrevisionsversuchen im Sinne der altpreußischen Junkerpartei den energischsten Widerstand entgegensetzten [1]. Außer Rohden waren es hauptsächlich die Brüder Reichensperger, welche auch in dieser Beziehung die Fraction führten, die sich aber auch noch außerdem um die Vertheidigung und Ausbildung ihres heimischen rheinischen Rechtes und der dortigen Institutionen — wir erinnern nur an den Antrag Peter Reichensperger in Betreff der Reform des rheinischen Hypothekenrechtes vom 9. März 1856 und an ihre Anträge und Reden in der Agrarfrage bei Gelegenheit der Gewerbe- und Grundsteuerdebatten, insbesondere aber den Parcellirungs- und Expropriationsvorlagen vom 5. April 1853 und vom 16. April 1857 gegenüber — die größten Verdienste erworben haben [2].

---

[1] Diese Thatsache wird selbst von einigen unserer Gegner dankbar anerkannt und kann als zu eclatant nicht bestritten werden. So sagt u. a. Parisius l. c. S. 20: „Zum Glück des Liberalismus hatte sich von 1852 ab, aus Besorgniß, daß die herrschende Partei die katholische Kirche dem Fanatismus des evangelisch-lutherischen Pfaffenthums überliefern könnte, eine besondere katholische Partei gebildet und in den katholischen Landestheilen, namentlich am Rhein und in Westfalen, eine Reihe von Wahlkreisen besetzt, oder liberale Candidaten unterstützt. Diese Partei unter Führung der Gebrüder Reichensperger stand der liberalen Partei in Vertheidigung der Verfassung und Volksfreiheit tapfer zur Seite."

[2] Die parlamentarischen Reden der Brüder Reichensperger, aus denen am besten ihre bedeutende Thätigkeit und großartige Wirksamkeit im Parlamente sichtbar wird, sind bis zum Jahre 1857 nach den stenographischen Berichten zusammengestellt in folgender Schrift: „Parlamentarische Reden der Gebrüder August und Peter Franz Reichensperger. Als

Es würde über den Umfang einer einfachen Broschüre, welchen diese Blätter ja nicht übersteigen sollen, hinaus gehen, wollten wir hier noch näher die großartige Wirksamkeit der katholischen Fraction in dem oben angedeuteten Sinne in den verschiedenen Legislaturperioden des preußischen Landtages schildern, oder auch nur übersichtlich sie auseinander zu setzen versuchen, eine geschichtliche Skizze möge genügen und eilen wir deßhalb zum Schlusse. Im Jahre 1861 löste sich aus äußeren Gründen die katholische Fraction unter diesem Namen auf, constituirte sich aber von Neuem unter dem Namen „Centrum."

Unter den vielen Kämpfen, welche die Fraction auch in dieser Periode ihres Daseins zur Aufrechthaltung und Verwirklichung der Verfassung auf dem confessionellen Gebiete geführt hat, sind besonders die Debatten aus den Jahren 1862 und 1863 bei Gelegenheit der Budgetberathungen namhaft zu machen. Im Jahre 1862 hatte nämlich die Budgetcommission des Abgeordnetenhauses den Antrag gestellt, die Staatsregierung aufzufordern, im Hinblick auf Art. 21 und 24 der Verfassung (!!), soweit nicht die Satzungen specieller Stiftungen entgegenstehen, den confessionellen Charakter der höheren Unterrichtsanstalten unter steter Pflege des confessionellen Religions- und theologischen Unterrichtes zu beseitigen. Als Hauptvertheidiger dieses Antrages, welcher in der Sitzung vom 30. September 1862 mit großer Majorität angenommen wurde, ist hauptsächlich der Abgeordnete Dr. von Sybel namhaft zu machen. In der folgenden Landtagssession hatte die Budgetcommission denselben Antrag in unveränderter Form mit allen (29) Stimmen gegen die eine des Abgeordneten Osterrath wieder eingebracht. Dem Abgeordneten Osterrath war dabei gegen

---

Material zu einer Charakteristik der großdeutschen und katholischen Fraction 1848—1857. Mit Genehmigung der Autoren herausgegeben. Regensburg 1858. Manz." Das Material für die spätere Wirksamkeit der beiden großen Parlamentarier bis auf die heutige Stunde bedarf noch der Ausgrabung und ist, wie auch die Reden der Abgeordneten v. Mallinckrodt, Windthorst und unserer übrigen Koryphäen, leider noch immer in den umfangreichen Bänden der stenographischen Berichte versteckt.

alle Praxis des Hauses von der Majorität der Commission verweigert worden, seine gegentheiligen Anschauungen und Ausführungen auch nur im Auszuge in dem schriftlichen Bericht der Budgetcommission wiedergegeben zu sehen. In den Sitzungen vom 3. und 4. März 1863 stand nun dieser Bericht auf der Tagesordnung des Abgeordnetenhauses. Die lebhaften Debatten, welche sich bei dieser Gelegenheit entspannen, führten von der einen Seite die Abgeordneten Dr. v. Sybel, Dr. Techow, Krause, von Bockum-Dolffs und von Waldeck, auf unserer Seite gingen die Abgeordneten Dr. Schulz (Vorken), die beiden Reichensperger, v. Mallinkrodt, Plaßmann, Ziegler und Rohden mit niederschmetternder Beredsamkeit den Gegnern zu Leibe. Interessant ist es, daß der Antrag, welcher schließlich auf Veranlassung des Abgeordneten André zur Berichterstattung an die Unterrichtscommission verwiesen wurde, schon damals nur ausschließlich von der Fraction des Centrums bekämpft wurde, und daß schon in jener Zeit der selige Abgeordnete von Mallinkrodt am Schlusse seiner Epoche machenden Rede den jetzt eingetretenen Culturkampf in prophetischem Geiste voraussagte. Die Regierung, welche vollzählig auf der Ministerbank unter Vorsitz des Staatsministers von Bismarck vertreten war, und für welche der Cultusminister von Mühler das Wort nahm, verhielt sich ebenfalls gegen diesen dem Geiste unserer Verfassung widerstrebenden Antrag abwehrend, welcher auch in Beziehung auf die noch geltenden völkerrechtlichen Verträge, insbesondere mit Bezug auf den Reichsdeputationshauptschluß von 1803 gegenüber den Ausführungen des Abgeordneten Dr. von Sybel vom Cultusminister bekämpft wurde. Die Debatten in Bezug auf vorliegenden Gegenstand bieten übrigens ein solches Interesse, daß wir unsere Leser dringend bitten möchten, dieselben in den stenographischen Berichten des Abgeordnetenhauses nachzulesen, welche zudem auch auf Veranlassung der Fraction in einem besonderen Abdruck im Commissionsverlage von Fr. Schöningh in Paderborn erschienen sind[1].

---

[1] Ueber den confessionellen Charakter der höheren Unterrichtsanstalten. Verhandlungen des preußischen Abgeordnetenhauses vom 3. und

Das religiöse Moment in der Wirksamkeit der Fraction war unterdessen im Laufe der Zeiten mehr und mehr vor dem bürgerlich-politischen in den Hintergrund getreten, ohne daß darum aber in der Haltung der einzelnen Fractionsmitglieder kirchlichen Fragen gegenüber eine Aenderung eingetreten wäre[1]). Opportunitätsrücksichten veranlaßten sogar, daß in der ersten Session der zehnten Legislaturperiode des preußischen Landtages im Winter des Jahres 1867 die Fraction des katholischen Centrums sich nicht mehr constituirte, und es gehörten seine Mitglieder jetzt meist keiner Fraction an. Aber es verflossen kaum drei Jahre, als sich die Nothwendigkeit der Wiederbildung der Centrumsfraction von Neuem zeigte. Veranlassung gab der bekannte sogenannte Klostersturmpetitionsbericht des Abgeordneten Dr. Gneist vom 17. December 1869[2]), welcher die kommende Zeit des Culturkampfes deutlich avisirte, im Plenum des Abgeordnetenhauses aber nicht zur Berathung gestellt wurde. Der Antrag der Petitionscommission, in welcher die ingrimmigsten Feinde der katholischen Kirche, aber wenig Freunde derselben vertreten waren, erregte allgemeines Aufsehen im Lande, und eine Unzahl von Gegenpetitionen mit Tausenden und aber Tausenden von Unterschriften wurden zum Schutze der bedrängten Klöster an den Landtag gerichtet. Aber während die Petitionscommission des Abgeordnetenhauses im Sinne der Handvoll Berliner Petenten beschloß, deren Auftreten jedenfalls auf die Beeinflussung und den höheren Befehl der gehei-

---

4. März 1863. Berlin 1863. Druck von W. Möser. Paderborn in Kommission bei F. Schöningh.

1) Einen schätzenswerthen Beitrag zur Geschichte der Centrumsfraktion in dieser Zeit gibt: Ein Rückblick auf die letzten Sessionen des preußischen Abgeordnetenhauses und ein Wort über die deutsche Verfassungsfrage von Dr. August Reichensperger. Paderborn 1864. Schöningh.

2) Siehe Anlagen zu den stenographischen Berichten des Hauses der Abgeordneten. Band II, S. 990—1007. Fünfter Bericht der Kommission für Petitionen betreffend die Aufhebung der Klöster in Preußen. Referent Abg. Dr. Gneist. Aktenstück Nr. 221. III. Session der 10. Legislaturperiode 1869—1870.

men Gesellschaften zurückzuführen ist, beantragte sie unterm 7. Februar 1870, wo Abgeordneter Dr. Gneist wieder als Berichterstatter fungirte, den zahllosen Gegenpetitionen gegenüber, dieselben durch die Beschlußfassung über den fünften Bericht der Commission für Petitionen einfach als erledigt zu erachten[1]). Ueberall im katholischen deutschen Volke erscholl der Ruf: „Hand an die Gewehre!", und die altbewährte Fraction trat jetzt von Neuem unter dem Namen: Centrum (Verfassungspartei) zum Schutze der bedrohten Verfassung zusammen. Die Neuwahlen, welche dann sowohl für die im Spätherbste des Jahres 1870 beginnende neue Legislaturperiode des preußischen Landtages, als bald darauf auch für den im Frühjahre 1871 in Berlin zusammentretenden neuen deutschen Reichstag stattfanden, führten der Volksvertretung eine bis jetzt nie gesehene Anzahl entschiedener katholischer Männer zu, so daß die auf dem parlamentarischen Boden im Kampfe für die heilige Sache schon ergrauten Vorkämpfer des katholischen Volkes durch hervorragende neue Kräfte eine sehr wünschenswerthe Verstärkung erhielten.

---

[1]) Siehe Anlagen, Band III, Seite 1438 fg. Nr. 330 der Drucksachen.

IV.

Die Fraction des Centrums und die Culturkampfperiode von 1871—1879.

Für Freiheit, Wahrheit und Recht!

Die ersten Urheber des sogenannten Culturkampfes sind wohl in einem besonders in Preußen-Deutschland großmächtigen Geheimbunde zu suchen, der, um die katholische Kirche in Deutschland zu vernichten, sich alt- und neuprotestantischen Sectenhaß zuerst dienstbar machte, dann aber auch im Kampfe gegen Rom die Häresie nicht als Bundesgenossin verschmähte. „Ecrasez l'infame!" so erscholl der alte freimaurerische Schlachtruf von Neuem im ungläubigen Feldlager; „Durchführung und Vollendung des Werkes von Luther und Gustav Adolf!" so lautete die Losung bei den verschiedenen protestantischen Secten. Die Zeit des Kampfes schien aber jetzt oder nie gekommen, wo außer Oesterreich auch noch Frankreich als katholische Schutzmacht ohnmächtig am Boden lag. Die Truppen beider Heerlager marschirten also vereint im Kampfe gegen Rom. Die Zeit war endlich gekommen, in welcher es für gewisse Leute eine Lust zu leben ist. Die ersten Anzeichen des beginnenden Kampfes zeigten sich dem Klarsehenden schon bald nach dem Kriege von 1866, wo die uns feindlichen Mächte sich zu sammeln begannen. Die Anträge auf Beseitigung des confessionellen Charakters der höheren Unterrichtsanstalten in den Jahren 1862 und 1863, sowie der Berliner Klostersturm im Jahre 1869 waren die ersten Manöverirungsversuche der gegnerischen Parteien, denen dann die Plänkeleien im Kampfe gegen uns auf dem Fuße folgten, sobald die Niederwerfung Frankreichs und seine Ohnmacht als europäische Großmacht ebenso notorisch geworden war, wie die Oesterreichs. Die Beziehungen Preußens, welche schon seit dem Jahre 1866 mit Piemont die intimsten waren, fingen nun an zur römischen Kurie immer mehr unfreundliche zu werden. Es zeigte sich dies schon beim vaticanischen Concile, und auch in den inner-preußischen Beziehungen des Staates zur Kirche merkte man bald trotz der damals noch bestehenden Verfassungsartikel eine Aenderung. So verbot am 10. Januar 1871 der Cultusminister von Mühler den katholisch-theologischen Facultäten auf's Schärfste den direkten Verkehr mit den kirchlichen Oberen, und am 18. März 1871 verordnete derselbe Cultusminister, daß die katholischen Religionslehrer an den höheren Unterrichtsanstalten geistliche Erlasse der bischöflichen Behörden nur nach vorheriger Genehmigung der Anstaltsdirectoren publiciren dürften [1]).

Unterdessen war bei dieser Sachlage die Centrumsfraction bei Beginn der neuen Legislaturperiode des preußischen Landtages mit verstärkten Kräften auf's Neue ins Leben getreten. Außer den altbewährten und bekannten Mitgliedern, den Brüdern Reichensperger, von Mallinkrodt, Hüffer, De Syo, Dr. Krebs u. s. w. waren der Fraction Männer wie Dr. Windthorst (Meppen), von Savigny, von Schorlemer-Alst, von Heeremann, Dr. Lieber u. A., sowie der frühere Unterstaatssecretär im hannover'schen Cultusministerium Dr. Bruel als Hospitant beigetreten, so daß man wohl voraussagen konnte, daß eine Fraction mit solchen bedeutenden Kräften den Haß des feindlichen Lagers auf sich zu ziehen wohl geeignet sei. Noch mehr aber forderte das Programm der Fraction, welches die Aufrechthaltung und Fortbildung des verfassungsmäßigen Rechtes, insbesondere auch in Bezug auf die Freiheit und Selbst-

---

[1]) Siehe Verings Archiv für katholisches Kirchenrecht, Band 26, S. LV. — Ein Erlaß des k. Prov.-Schulkollegiums zu Coblenz vom 6. Febr. 1871 gegen die Marianischen Congregationen an höheren Lehranstalten findet sich ebendaselbst S. 109.

ständigkeit der Kirche und ihrer Institutionen zu seiner Devise machte, die Bejehdung der uns feindlichen Parteien heraus. Nicht allein, daß die gegnerische Presse die Neubildung der Centrumsfraction und ihr Programm bekämpfte, sondern als bei Zusammentritt des deutschen Reichstages sich auch hier die Fraction des Centrums constituirte, welcher auch der in den Reichstag neugewählte Bischof von Ketteler gleich vielen durch Namen und Stand berühmten süddeutschen Parteigenossen beitrat, wurde sogar der gesandtschaftliche Apparat in Rom, wie man aus den von Arnim'schen Enthüllungen nun bestimmt weiß, in Bewegung gesetzt, um vom Cardinal Antonelli, beziehungsweise Papst Pius IX., eine Mißbilligung der Centrumsfraction zu erlangen. Aeußere Veranlassung zu dieser Feindschaft, welche sich die Fraction des Centrums von Seiten der Regierung zuzog, waren, neben der Gegnerschaft eines hohen Staatsmannes gegen hervorragende Führer der Fraction, die bekannte Adreßdebatte in Betreff des Nichtinterventionsprincips im deutschen Reichstage vom 30. März 1871, sowie die Anträge des Centrums um Aufnahme der sogenannten Grundrechte aus der preußischen Verfassungsurkunde in die deutsche Reichsverfassung, welche in den ersten Tagen des April zur Debatte standen. Bei dieser Gelegenheit wurde so recht der Haß des ganzen kirchenfeindlichen Lagers gegen uns offenbar[1]). Aber auch die preußische Regierung zögerte nun nicht länger, in den Kampf gegen Rom immer offener einzutreten. Am 29. Juni 1871 erging ein Erlaß des Cultusministers von Mühler an den hochwürdigsten Bischof von Ermeland in Betreff des Religionsunterrichts am Gymnasium zu Braunsberg, worin das Recht zur alleinigen Anstellung und Entlassung der Religionslehrer an den öffentlichen Unterrichtsanstalten dem Staate zugesprochen wurde; die katholischen Schüler des Gymnasiums zu Braunsberg waren aber nun factisch gezwungen, dem Re-

---

1) Neben den stenographischen Berichten vergl. hierüber: v. Ketteler, die Centrumsfraktion auf dem ersten deutschen Reichstage. Mainz 1872, Kirchheim.

ligionsunterrichte eines aus der katholischen Kirche ausgeschiedenen neuprotestantischen Priesters beizuwohnen. Ein weiterer Schritt auf der Bahn des Culturkampfes war die Aufhebung der katholischen Abtheilung im preußischen Cultusministerium durch Cabinetsordre vom 8. Juli 1871, nachdem der Chef dieser Abtheilung, Ministerialdirector Dr. Krätzig, schon seit einigen Jahren sich in seiner eigentlichen Berufsthätigkeit gehemmt sah, indem vielfach in kirchlichen Angelegenheiten nicht allein er nicht mehr zu Rathe gezogen, sondern auch über seinen Kopf hinweg gehandelt wurde. Von jetzt an folgten die Culturkampfsmaßregeln Schlag auf Schlag. Im Reichstage war in den letzten Tagen des November das Kanzelgesetz als Ergänzung zum Strafgesetzbuche eingebracht worden, und am 10. December 1871 wurde es schon als Gesetz publicirt. Der Armeebischof Namszanowsky wurde, weil er die Mitbenutzung katholischer Garnisonskirchen von Seiten der Altkatholiken nicht gestatten wollte, durch kriegsministerielle Verfügung vom 28. Mai 1872 in der ferneren Ausübung seines Amtes behindert und dann am 26. Juni 1873 auf Beschluß des Staatsministeriums wegen angeblicher Verletzung seiner militärischen Pflichten in den Ruhestand versetzt. An demselben Tage, wo die Abgeordneten Reichensperger und von Mallinkrodt im Abgeordnetenhause den Erlaß des Cultusministers an den Bischof von Ermeland in Betreff des Religionsunterrichts am Gymnasium zu Braunsberg durch eine Interpellation zur Sprache brachten, wurde (am 14. December 1871) der Entwurf zum Schulaufsichtsgesetz, welches den ersten Schritt der Trennung der Schule von der Kirche bildete, dem Landtage vorgelegt. Am 11. März 1872 wurde dasselbe bereits als Gesetz publicirt. Im Januar 1872 erfolgte der Rücktritt des Cultusministers von Mühler, die Aera Falk begann, und mit ihr die Hauptblüthe des Culturkampfes. Am 15. Juni 1872 wurde durch Ministerialerlaß die Ausschließung geistlicher Ordenspersonen von der Lehrthätigkeit an den öffentlichen Volksschulen verfügt. Die Centrumsfraction brachte diesen

Ministerialerlaß als der Verfassungsurkunde widersprechend, am 28. November 1872 in dem Antrage von Mallinkrodt im Abgeordnetenhause zur Sprache. Das Jesuitengesetz war unterdessen im Reichstage eingebracht worden und wurde am 4. Juli 1872 als Gesetz publicirt. Bei der Debatte über dasselbe am 15. Mai 1872 ließ der Abgeordnete Windthorst (Berlin) offen den Ruf in seiner Rede erschallen: „Ecrasez l'infame!", welche Bloslegung des eigentlichen Zieles des Culturkampfes freilich seinen Parteigenossen nicht ganz lieb sein mochte, da der stenographische Bericht „Große Unruhe" im Hause constatirt[1]). Dann wurde im September 1872 gegen den Bischof von Ermeland, welcher sich weigerte, die gegen den ehemaligen katholischen Religionslehrer Dr. Wollmann verhängte Excommunication aufzuheben, und der die Competenz des Staates nur auf dem ihm eigenen staatlichen Gebiete anerkennen wollte, durch das Staatsministerium die Temporaliensperre verfügt. Am 3. und 4. August 1872 fanden mit einzelnen protestantischen Kirchenrechtslehrern die sogenannten Ministerialconferenzen statt, in denen der von nun an innezuhaltende Feldzugsplan gegen Rom festgestellt wurde. Als Resultat dieser Conferenzen wurde dem wieder zusammen getretenen Landtage am 8. November 1872 der Gesetzentwurf betreffend die Grenzen des Rechtes zum Gebrauche kirchlicher Straf- und Zuchtmittel (als Gesetz publicirt am 13. Mai 1873), dann am 9. Januar 1873 der Entwurf eines Gesetzes über die Vorbildung und Anstellung der Geistlichen (als Gesetz publicirt am 11. Mai 1873), und der Gesetzentwurf über die kirchliche Disciplinargewalt und die Errichtung eines königlichen Gerichtshofes für kirchliche Angelegenheiten (publicirt als Gesetz am 12. Mai 1873) vorgelegt. Damit das Herrenhaus des preußischen Landtages zur Annahme dieser Gesetzentwürfe ganz sicher befähigt würde, erfolgte im December 1872 der sogenannte Pairsschub. Die culturkämpferische Majorität im Ab-

---

1) Vergl. Stenographischer Bericht 1872. Bd. 1, S. 392.

geordnetenhause beschloß aber auf Vorschlag der Commission, welcher obengenannte vier Gesetzentwürfe zur Vorberathung überwiesen waren, Ende Januar 1873 „zur Beseitigung jeglicher (!) Bedenken" an der Verfassungsmäßigkeit einzelner Bestimmungen der eingegangenen Gesetzentwürfe ein Gesetz betreffend die Abänderung der Artikel 15 und 18 der Verfassungsurkunde (publicirt am 5. April 1873). Damit die Reichsregierung im Culturkampf nicht allzusehr zurückbleibe, beschloß der Bundesrath durch Verordnung vom 20. Mai 1873 das Jesuitengesetz auch noch auf die den Jesuiten als „verwandt" erklärten Congregationen der Redemptoristen, Lazaristen, der Priester vom heiligen Geiste und der Gesellschaft vom heiligsten Herzen Jesu auszudehnen.

Daß die Centrumsfraction sowohl des Land- wie Reichstages diesen Maßregeln der preußischen Regierung[1]), — welche von den vereinigten gegen die katholische Kirche verbündeten Parteien, sowohl von Rechts wie Links, mit dem größten Beifalle aufgenommen und als „Culturthaten" verherrlicht wurden, weßhalb auch die betreffenden Vorlagen aus den Commissionsberathungen des Landtages womöglich noch verschärft hervorgingen, — den thatkräftigsten Widerstand entgegensetzte und ihre Haltung bewunderungswerth war, ist allgemein anerkannt, und das Verdienst der Abgeordneten von Mallinkrodt, Reichensperger, Dr. Windthorst (Meppen) und der übrigen Streiter alte wird die Geschichte auf immer dem Andenken der Nachwelt erhalten.

Der Herbst des Jahres 1873 rief bei dieser Lage der

---

1) Wir haben hier nur die markantesten Maßnahmen der preußischen Regierung erzählt, ohne der unzähligen kleineren Kämpfe und Nergeleien im Kulturkampfe zu gedenken. Eine gute Zusammenstellung der preußischen Kulturkampfsedikte findet sich in „Verings Lehrbuch des katholischen und protestantischen Kirchenrechtes. Freiburg 1876." S. 81—119. Im Einzelnen verweisen wir auf die stenographischen Berichte des Land- und Reichstages. Eine Uebersicht des Kulturkampfes und der Thätigkeit der Centrumsfraktion ihm gegenüber, besonders für die spätere Zeit bietet auch: Virnich, die Fraktion des Centrums in der zwölften Legislaturperiode des preußischen Landtages. Münster 1876, Russel.

Dinge, da die dreijährige Legislaturperiode abgelaufen war, die Katholiken sowohl für den Land- wie für den Reichstag zur Wahlurne, und das katholische deutsche Volk that seine Schuldigkeit. Eine noch größere Zahl von entschieden katholischen Männern, als bisher, sandte es zur Vertheidigung seiner heiligsten Interessen nach Berlin. Unter den Neugewählten befanden sich Dr. Krätzig, Baudri, Biesenbach und eine Reihe von anderen wackeren Kämpen. Auch Dr. von Gerlach, welcher der früheren katholischen Fraktion oft als Gegner gegenübergestanden, war jetzt als Hospitant der Centrumsfraktion des preußischen Landtages beigetreten und trat nunmehr im spätesten Greisenalter noch mit jugendlichem Feuer für die Interessen der katholischen Kirche ein, die er mit denen seiner Confession im Culturkampfe für identisch erklärte. Die Thronrede, mit welcher am 12. November 1873 die erste Session der neuen Legislaturperiode des preußischen Landtages eröffnet wurde, zeigte klar und deutlich das Vorhaben der Regierung, nicht allein unberückt auf der betretenen Culturkampfsbahn fortzuschreiten, sondern denselben in noch viel kräftigerer Weise zu führen. Gerade deshalb hielt die durch alles Vorangegangene unentmuthigt gebliebene Centrumsfraktion es für ihre Pflicht, vor Gott und den Menschen über die Lage der Dinge Zeugniß abzulegen, und, wenn auch ohne Aussicht auf materiellen Erfolg, von der Regierung und dem Landtage die Wiederherstellung des kirchlichen Friedens und die Aufhebung der Gesetze vom 11., 12. und 13. Mai 1873 zu verlangen, was durch den Antrag Reichensperger vom 1. Dezember und den Antrag von Mallinckrodt vom 2. Dezember 1873 geschah. Am 10. Dezember, in derselben Sitzung des Abgeordnetenhauses, wo die beiden Anträge auf der Tagesordnung standen, brachte die Regierung als „praktische Antwort", wie der Cultusminister sich auszudrücken beliebte, „auf Grund allerhöchsten Befehls" den Gesetzentwurf über die Beurkundung des Personenstandes und die Form der Eheschließung (Civilehe) ein, während das „hohe" Haus über den Antrag Reichensperger und Genossen auf Wiederherstellung des kirchlichen Friedens mit 288 gegen 95 Stimmen in der Erwartung zur Tagesordnung überging, „daß die königliche Staatsregierung den bestehenden kirchlichen Gesetzen Achtung verschaffen und den Erlaß der zur Ordnung der kirchlichen Zustände unentbehrlichen Gesetze herbeiführen werde." Auch die Verordnung vom 6. Dezember 1873, welche die bisherige Form des Bischofseides abänderte, wird schließlich wohl der Herr Kultusminister eine praktische Antwort auf die Anträge der Centrumsfraktion nennen, obschon die Thronrede bereits das fernere stramme Vorgehen der Regierung im Kampfe gegen Rom den verbündeten Parteien im gegnerischen Lager verheißen hatte. Es ist überhaupt lächerlich, die Anträge des Centrums und das weitere Vorrücken · der Regierung im „Kampfe gegen Rom" gleichsam als Ursache und Wirkung zu betrachten, so oft es auch von anderer Seite behauptet werden mag. Von ihrer Entstehung an bis auf die gegenwärtige Stunde hat im Gegentheil die Centrumsfraktion niemals die Grenzen der Vertheidigung überschritten und nie etwas Unmögliches von der Regierung verlangt. Was sie gethan hat und noch heute thut, ist, daß sie, wie einst der treue Eckart, immer von Neuem wieder ihre warnende Stimme erhebt, auf daß endlich Halt und Umkehr gemacht werde auf der verderblichen Culturkampfsbahn, welche den Staat, und sei er auch noch so mächtig, nur zum Verderben führen muß; die Ereignisse der allerletzten Zeit beweisen dies bereits allzusehr. Die vom Cultusminister in der Sitzung vom 10. Dezember 1873 signalisirten neuen Maigesetze kamen am 19. Januar 1874 zur Vorlage, nämlich der Gesetzentwurf wegen Deklaration und Ergänzung des Gesetzes vom 11. Mai 1873 über Vorbildung und Anstellung der Geistlichen (als Gesetz publizirt am 21. Mai 1874), sowie der Gesetzentwurf über die Verwaltung erledigter katholischer Bisthümer (publizirt am 31. Mai 1874). Das Gesetz über Verhinderung der unbefugten Ausübung von Kirchenämtern (publizirt am 4. Mai 1874) war unterdessen vom neuen Reichstage, der ja im Culturkampfe dem preußischen

Landtage nicht nachstehen durfte, auf Betrieb der preußischen Regierung berathen und beschlossen worden. Auf die Cultur=kampfdebatten in den beiden Körperschaften, des preußischen Landtages sowie im deutschen Reichstage, näher einzugehen, ist an dieser Stelle, wo wir nur den Gang des Kampfes an=deutungsweise scizziren wollen, nicht der Ort, und verweisen wir in Bezug auf die von hüben und drüben gefallenen Reden auf die stenographischen Berichte. Nicht unerwähnt aber dürfen wir die Debatten lassen, welche sich am 29. Januar 1874 bei Gelegenheit der Berathung des Cultusetats im preußischen Abgeordnetenhause entspannen. Zum ersten Male in diesem Jahre waren nämlich im Kapitel 120, Titel 2 dieses Etats 16,000 Thaler für Bedürfnißzuschüsse und einmalige Unter=stützungen, insbesondere für e i n e n n e u e n k a t h o l i s c h e n Bischof ausgeworfen. Es handelte sich also um den durch Cabinetsordre vom 19. September 1873 vom preußischen Staate als „k a t h o l i s c h e n Bischof" anerkannten Altkatholiken Dr. Hubert Joseph Reinkens in Bonn, wegen welcher That=sache der Abgeordnete von Mallinkrodt im Hinblicke auf die durch Cabinetsordre vom 23. August 1821 mit Gesetzeskraft promulgirte Bulle de salute animarum den Cultusminister Dr. Falk von der Tribüne aus eines Gesetzesbruches auflagte. Daß das Centrum und die Polen, voran die Abgeordneten Peter Reichensperger und von Mallinkrodt, diese Etatsposition für den „n e u e n katholischen" Bischof auf das Energischste bekämpften, ist klar; erwähnen aber wollen wir hier nur zwei charakteristische Auslassungen des „altkatholischen" Abgeordneten Dr. Petri und des Cultusministers Dr. Falk, welche dauern=den Werth für die Geschichte unserer heutigen Zeit haben. Dr. Petri sagte nämlich: „u n s e r (d e r A l t k a t h o l i k e n) K a m p f g i l t R o m (Bravo!), unser Kampf gilt der Fessel, in welche Rom die ganze Christenheit geschlagen hat (Bravo!)"; worauf der Cultusminister Dr. Falk in seiner Rede in fol=gender bemerkenswerther Weise sekundirte: „Und, meine Her=ren, es ist auch wahr, es i s t i n d e r a l t k a t h o l i s c h e n

Bewegung, ich weiß ja nicht, wie sie sich weiter entwickeln wird, ein Moment enthalten, welches mit den Intentionen der Staatsregierung übereinstimmt, das ist allerdings der **Kampf gegen Rom** (Sehr wahr!); und wenn von diesem Standpunkte aus Sie sagen, die Staatsregierung habe sich mit diesem Antrage eine Waffe schaffen wollen in ihrem Kampfe, nun in der Weise kann ich den Satz acceptiren (Bravo!) [1]).

Auch gaben mehrere Petitionen Veranlassung, die Kampfesweise und das Verfahren der gegnerischen Parteien gegen uns im Landtage zu beleuchten, so u. A. die Petition des Magistrats und der Stadtverordneten zu Guben, betreffend die Aufhebung der dortigen katholischen Schule, und die Petition des Magistrats zu Sommerfeld, betreffend die Befreiung der Stadt von dem Beitrage für die katholische Schule. Besondere vom Centrum und den Polen ausgehende Anträge und Interpellationen brachten in dieser Session noch andere Culturkampfmaßregeln der Regierung im Abgeordnetenhause, wenn auch ohne sichtbaren Erfolg, zur Sprache, so die Interpellation des Abgeordneten von Lubienski vom 12. Dezember 1873, betreffend den privaten Religionsunterricht von Schülern höherer Lehranstalten, welchen ertheilen zu lassen durch Rescript des Provinzialschulkollegiums zu Posen vom 17. September 1873 den Eltern katholischer Kinder bei Strafe der Entfernung der Kinder aus der Anstalt verboten wurde, der Antrag Dr. von Jadzewski vom 5. Februar 1874 dahingehend, die Ministerialverfügung vom 16. November 1872 und die Verfügung des Provinzialschulkollegiums zu Posen vom 17. September 1873 aufzuheben und den ordnungsmäßigen katholischen Religionsunterricht in den höheren Lehranstalten des Großherzogthums Posen in der Muttersprache unverzüglich wiederherzustellen; die Interpellation des Abg. Biesenbach vom 14. Januar 1874 betreffend die

---

1) Stenographischer Bericht, Bd. 1, S. 917.

Wahlbeeinflussung der Lehrer im Regierungsbezirke Düsseldorf; die Interpellation des Abgeordneten Freiherrn Felix von Loë vom 22. Januar 1874 betreffend den Mainzer Verein der deutschen Katholiken und die Auflösung einer Reihe von Katholikenversammlungen; die Interpellation des Abgeordneten Dr. Respondek vom 19. Mai 1874 betreffend die Beschlagnahme resp. Besitznahme der Propstei Parchanie im Großherzogthum Posen erzbischöflichen Patronates nebst ihrem Vermögen und ihren Gebäuden nach dem Tode des bisherigen Pfründeninhabers durch den dortigen königlichen Landrath; die Interpellation des Abgeordneten von Mallinkrodt betreffend die Executivhaft gegen den Pfarrer Friedrich Wehn zu Niederberg bei Koblenz, welche am selbigen Tage zur Berathung mit der des Abgeordneten Dr. Respondek kam, und die uns Katholiken auch darum unvergeßlich geworden ist, weil bei Besprechung derselben der selige Abgeordnete von Mallinkrodt im Abgeordnetenhause die letzte seiner fesselnden und die Sophistik der Gegner vernichtenden Reden hielt, welche ewig unvergeßlich bleiben werden. Denn kaum war am 21. Mai die Session des Landtages geschlossen worden, als der Abgeordnete von Mallinkrodt noch in Berlin, aufgerieben im Kampfe für das Heiligthum, auf das Krankenlager geworfen wurde, und bereits am 26. Mai 1874 schloß der unerbittliche Tod die Augen des wackeren Kämpen für immer. Wie seine letzten in der Hitze des seine Kräfte aufzehrenden Fiebers gesprochenen Worte beweisen, waren auch auf dem Todesbette seine Gedanken noch der großen Aufgabe gewidmet, der er sein Leben geweiht, und sterbend umklammerten seine schwach werdenden Hände noch die Fahne des Kreuzes. So starb Hermann von Mallinkrodt, der edelste Vorkämpfer für Wahrheit, Freiheit und Recht, als wahrer Ritter ohne Furcht und Tadel in der Kraft seines Alters, erschöpft von der Arbeit, aber nicht in der Heimath, sondern auf dem Kampfplatze des märkischen Sandes, gleich wie siebenzehn Jahre früher sein Freund Otto, dessen tragischen Tod in der Mitte seiner Jahre auf der Rednerbühne des Abgeordnetenhauses, gerade als auch dieser wackere Kämpe mitten im Kampfe für die Freiheit der Kirche begriffen war, wir oben nach den stenographischen Berichten zu schildern versucht haben. Leider hatte die Centrumsfraction beim Beginne der zweiten Session der zwölften Legislaturperiode des preußischen Landtages, welche am 5. Januar 1875 eröffnet wurde, außer dem unersetzlichen Verluste des Abg. v. Mallinkrodt, auch noch den Tod des Abg. Friedrich Baudri († 6. October 1874) und des Abg. Elkemann († 8. December 1874) zu beklagen, denen am 11. Februar 1875 der Abg. v. Savigny in die Ewigkeit folgte. Die preußische Regierung war unterdessen im Culturkampfe nicht müßig geblieben, und der im Jahre 1873 geschaffene Gerichtshof für kirchliche Angelegenheiten, im Volke scherzweise, aber sehr bezeichnend, die Bischofsguillotine genannt, hatte zu arbeiten begonnen. Am 15. April 1874 war bereits die „Absetzung" des im Gefängnisse von Ostrowo befindlichen Cardinal-Erzbischofs von Posen durch diesen Gerichtshof erfolgt, und im Laufe von wenigen Jahren wurde den Bischöfen von Paderborn und Münster, dem Fürstbischof von Breslau, dem Erzbischof von Köln und dem Bischof von Limburg dasselbe Loos bereitet, während der Tod den Bischof von Fulda und den Bischof von Trier, über welchem letzteren auch schon die „Absetzung" durch diesen Gerichtshof schwebte, von dem Schicksale befreite, außer dem Gefängnisse auch noch freiwillig das Brod der Verbannung gleich seinen Amtsbrüdern zu kosten, welche die gastlichen Nachbarlande aufgesucht haben, um wenigstens von hier aus ungehindert die Pflichten des von Gott überkommenen Hirtenamtes weiter erfüllen zu können. Aber auch die neue Landtagssession sollte wieder mit dem Culturkampfe beginnen. Bereits am 23. Januar 1875 ging nämlich dem Landtage die schon in der Thronrede angekündigte Gesetzesvorlage betreffend die Vermögensverwaltung in den katholischen Kirchengemeinden (publicirt am 20. Juni 1875) zu. Als zweites Culturkampfgesetz in dieser Landtagssession folgte der wohl nicht ohne Vorwissen der Regierung durch den Abgeordneten Dr. Petri im Hause eingebrachte Gesetzentwurf betreffend die Rechte der altkatholischen Kirchengemeinden an dem kirchlichen Vermögen (als Gesetz publicirt am 4. Juli 1875). Bei der namentlichen Schlußabstimmung, welche am 8. Mai stattfand, ergaben sich 202 Stimmen für und 75 Stimmen gegen das Altkatholikengesetz, ein Zeichen daß die Furcht vor Verbreitung der socialdemokratischen Grundsätze, wie es sich auch später bei der Annahme des Klostergesetzes zeigte, bei unseren Gegnern im Lande nicht vorhanden zu sein scheint, wenn es sich dabei um die Schädigung der katholischen Kirche handelt, da ja im Kampfe gegen Rom manchen Leuten alle Mittel recht und erlaubt sind. Doch war es immerhin bei dieser Sachlage noch erfreulich, daß diesmal der nationalliberale Abgeordnete Kallenbach und die conservativen Abgeordneten von Tempelhoff und von Wedell-Wehlingsdorf mit dem Centrum, den Polen und dem katholischen Conservativen Abg. von Donat stimmten. An dritter Stelle in der Culturkampfgesetzgebung in dieser Session folgte der am 3. März 1875 eingebrachte Gesetzentwurf betreffend die Einstellung der Leistungen aus Staatsmitteln für die römisch-katholischen Bisthümer und Geistlichen, das sogenannte Brodkorbgesetz (publicirt am 22. April 1875). Die Berathung dieser Gesetzesvorlage wurde durch den bekannten Vorgang mit dem Abgeordneten Freiherrn von Wendt, der bei Gelegenheit der zweiten Berathung des Entwurfes am 18. März die päpstliche Encyklika vom 5. Februar 1875 trotz des Widerspruches und des Lärmes der Gegner zur Vorlesung brachte, eine der denkwürdigsten, aber auch tumultuarischsten, welche das bekannte Haus am Dönhofsplatze jemals erlebt hat. Im Herrenhause erfolgte bei Berathung des Brodkorbgesetzes in der Sitzung vom 14. April 1875 auf Grund der Parole „Kampf gegen Rom" die Aussöhnung Bismarcks mit den Protestantisch-Conservativen, was wir hier noch erwähnen wollen. Freiherr von Maltzahn hatte nämlich auch vom specifisch „protestantisch-conservativen" Parteistandpunkte aus den Kampf gegen Rom aus vollem

Herzen begrüßt, worauf Fürst Bismarck sich erhob, um den Ausdruck herzlicher Freude darüber laut werden zu lassen, daß er endlich einmal aus der conservativen Seite des Hauses „ein freies fröhliches Bekenntniß zu unserem Evangelium der Reformation" gehört habe. Wenn dieses Bekenntniß vor Jahren mit derselben Bestimmtheit hier ausgesprochen worden wäre und die Beschlüsse des Hauses bei dem ersten schmerzlichen Beginnen des Bruches zwischen den Conservativen und ihm bei Gelegenheit des Schulaufsichtsgesetzes geleitet hätte, so wäre der Kampf mit der katholisch-conservativen Partei, auch selbst mit der **katholischen Revolution** (sic!) nicht so heftig geworden. Damals hätten die Evangelisch-Conservativen im Sinne des protestantischen Evangeliums ihm nicht treu zur Seite gestanden, es habe keine Mehrheit damals unter ihnen gegeben, die den Ausdruck und den Gedanken vertreten, daß **„uns unser Evangelium, unsere durch das Papstthum bedrohte und gefährdete Seligkeit"** höher stehe, als eine augenblickliche politische Opposition gegen die Regierung. Jene Herren nenne er nicht, aber er klage sie an, daß sie der Politik das Evangelium untergeordnet. Dieses Bekenntniß zum Evangelium habe uns gefehlt. Dem Vorredner danke er, daß er dem Ausdruck gegeben, womit er ihm herzliche Freude gemacht habe. Es sei das eine Brücke für ihn, um alte Beziehungen, die nicht ohne schwere Verletzung für ihn hätten zerrissen werden müssen, wieder anzuknüpfen. Er könne sich nicht mit Jemand politisch befreunden, ihn nicht als Bundesgenossen betrachten, der sein evangelisches Bekenntniß seiner Politik unterordne." — Dieser „Brandrede gegen Rom", die in dem oben angegebenen Tone noch weiter fortging, gab im Herrenhause gleich der Graf von Brühl, wie später am 19. April im Abgeordnetenhause der Abgeordnete Windthorst (Meppen) die gebührende Antwort. Graf Brühl bemerkte unter Anderem sehr richtig, daß der eben vernommene Bismarck-Maltzahn'sche Standpunkt zu der Consequenz führe, daß wir Katholiken, so lange wir an Rom hängen, d. h. so lange wir katholisch sind, im preußischen Staate nicht geduldet werden können, daß wir hinausgejagt oder todtgeschossen werden müßten[1]).

Die Krone der von Seiten der Regierung im Kampfe gegen Rom eingebrachten Vorlagen gebührt aber unstreitig dem am 12. April 1875 ins Haus gebrachten Gesetzentwurfe betreffend die Aufhebung der Artikel 15, 16 und 18 der Verfassungsurkunde vom 31. Januar 1850 (als Gesetz publicirt am 30. Juni 1875), mit welchem dem Culturkampfe völlig freie Bahn geschaffen und alle Schranken, welche bisher noch der gänzlichen Vergewaltigung einiger unserer katholischen Institutionen entgegenstehen mochten, beseitigt werden sollten. Interessant bei der Berathung dieses Gesetzentwurfes war eine Aeußerung, welche Fürst Bismarck am 16. April machte und die man wohl als sein Programm im Culturkampfe bezeichnen kann. Er sagte nämlich, daß die Regierung den Frieden nicht suchen könne, so lange die Gesetzgebung nicht von den Fehlstellen gereinigt worden sei, mit welchen behaftet sie seit 1840, Dank der mehr edlen als praktischen Natur des hochseligen Königs (Friedrich Wilhelm IV.), der damals schon das Placet aufgehoben, stellenweise unwirksam geworden. Die Abschaffung dieser in Rede stehenden Verfassungsartikel und vielleicht noch anderer Gesetze, die damit im Zusammenhange stehen, sei der Weg zum Frieden. Sobald die Bresche, welche die Staatshoheit durch das Obsoletwerden der alten landrechtlichen Bestimmungen erlitten, wieder ausgefüllt sei, werde er kein eifrigeres Bemühen haben, als den Frieden mit dem Centrum, namentlich aber mit dem „sehr viel mäßiger gesinnten" römischen Stuhle zu suchen, und dann den jetzt unsererseits aggressiv geführten Kampf „demnächst nur defensiv fortzusetzen und die Aggres-

---

1) Siehe Stenographischer Bericht des Herrenhauses 1875. Bd. 1, S. 237 ffg.

sion mehr der Schulbildung als der Politik
überlassen¹). Eine nicht weniger uns Katholiken schwer
treffende Culturkampfvorlage war der am 1. Mai von der
Regierung eingebrachte Gesetzentwurf betreffend die Orden und
ordensähnlichen Congregationen der katholischen Kirche (publicirt
am 31. Mai 1875), welcher um so fühlbarer wurde, als dieses sogenannte Klostergesetz in den katholischen Landestheilen nicht allein
unzählige Ruinen schuf, sondern auch der socialdemokratischen
Agitation Thüren und Thore öffnete. Aber auch die Centrumsfraction blieb diesen Culturkampfactionen gegenüber nicht un-
thätig, sondern sie erhob unablässig, sei es in eigenen Anträgen und Interpellationen, sei es bei Gelegenheit von Etats-
und Petitionsberathungen ihre Stimme für die heiligen Grundsätze der Wahrheit und des Rechts, welche in dieser Culturkampf-
zeit ebenso sehr und vielleicht noch mehr von den gegnerischen
Parteien scheinen mit Füßen getreten zu werden, als die verfassungsmäßig garantirte persönliche Freiheit der Staatsbürger
durch die Ausnahmegesetze. Am 15. März 1875 brachten der
Abgeordnete Biesenbach und Genossen einen Antrag auf Aufhebung der kirchenpolitischen Gesetze der Jahre 1873 und 1874
ein, der aber im Hause wegen Schlusses der Session nicht
mehr zur Verhandlung kam. Der Antrag Reichensperger vom
4. März 1875 bezüglich des Rechtes der Strafandrohung, beziehungsweise bezüglich der Aufhebung der Executivhaft wurde
in der Commission, wohin er verwiesen worden war, begraben.
In Betreff der Vollziehung der Gefängnißstrafe stellte der Abgeordnete Windthorst (Meppen) am 25. April eine Interpellation, und ebenfalls eine solche am 4. Juni in Betreff des
Verfahrens der königlichen Regierung zu Köln gegen den Ober-
bürgermeister Kaufmann. Am selbigen Tage interpellirte der
Abgeordnete Schröder (Lippstadt) in Betreff der Bestrafung
von Gemeindevorstehern u. s. w. wegen Theilnahme am Mainzer Katholikenverein. Am 11. Juli 1875 kam eine Petition

---

1) Vergl. Stenographischer Bericht, Bd. II. S. 1280.

von 469 Braunsberger Familienvätern zur Berathung, worin auf die Ertheilung des Religionsunterrichtes am dortigen Gymnasium und auf die Benachtheiligung der römisch=katholischen Schüler bei der Stipendienvertheilung Bezug genommen, und die Wiedereröffnung der den Altkatholiten eingeräumten Gymnasialkirche für den Gottesdienst der römisch=katholischen Schüler verlangt wird. Die Petenten fanden natürlich beim hohen Hause kein Gehör, während am selbigen Tage die Petition von 31 Eingesessenen des Kreises Soest betreffend die Umgestaltung der zur Mellin'schen Stiftung in Werl gehörigen Knabenverpflegungsanstalt in ein confessionsloses Simultaninstitut dem Commissionsantrage gemäß der Regierung zur Berücksichtigung überwiesen wurde. Zu besonders heftigen Debatten, wie immer, so lange der Culturkampf dauert, gab auch in dieser Session die Berathung des Cultusetats Veranlassung, bei welcher Gelegenheit von Seiten des Centrums die zahllosen Beschwerden, wozu das verflossene Etatsjahr in Bezug auf dieses Ressort Veranlassung gegeben hat, zur Sprache gebracht werden, während gleichzeitig von der gegnerischen Seite der Regierung dabei immer neue Anregung zum Fortschreiten auf der Culturkampfsbahn gegeben wird. So erndtete beispielsweise die Mahnung des Abgeordneten von Bockum=Dolffs in Bezug auf die Entfernung der Schulvicare in der Provinz Westfalen großen Beifall, während ein Antrag des Abgeordneten Schröder (Lippstadt) zu Gunsten des Gymnasiums zu Brilon von der vereinten gegnerischen Majorität abgelehnt wurde. Sogar die Berathung der Provinzialordnung gab dem Abgeordneten Dr. von Sybel in der Sitzung vom 10. Februar 1875 Veranlassung, aus Culturkampfrücksichten davor zu warnen, die neue Verwaltungsreorganisation auf die westlichen Provinzen mit auszudehnen. Ein charakteristisches Zeichen, daß der Culturkampf seinen Höhepunkt noch nicht überschritten hatte, war, wie in der vorhergegangenen Session, so auch in der diesjährigen, wieder die ganze Reihe der vom Centrum und von den Polen ausgehenden Anträge um Suspendirung des gerichtlichen

Strafverfahrens gegen Mitglieder beider Fractionen, wozu wohl gewöhnlich ein zu freies Wort bei irgend einer Volks- oder Wahlversammlung, oder irgend ein nicht vorsichtig genug abgefaßter Zeitungsartikel die Veranlassung gegeben hatte. Aber auch Verletzungen des Hausrechtes durch ungesetzliche Haussuchungen von Seiten der Polizeibehörden, einmal sogar bei einem in Berlin seinen Pflichten als Abgeordneter nachkommenden Centrumsmitgliede kamen zur Sprache. Nicht weniger beleuchteten die Wahlprüfungsdebatten wie in früheren Sessionen so auch jetzt wieder grell die Art und Weise, mit welcher der Culturkampf von der gegnerischen Seite betrieben wird. Als am 15. Juni 1875 der Landtag geschlossen wurde, durften die in die Heimath abreisenden Centrumsmänner sich das Zeugniß geben, auch jetzt wieder voll und redlich ihre Pflicht erfüllt zu haben, wenn auch ein Gefühl gerechter Entrüstung und stiller Trauer sie im Hinblick auf die Verheerungen, welche der Culturkampf in den katholischen Landestheilen gerade in der verflossenen Session wieder angerichtet hatte, wohl beschleichen mochte.

Die dritte Session der zwölften Legislaturperiode des preußischen Landtages trat am 16. Januar 1876 zusammen, und die Centrumsfraction hatte die Freude, in der Person des im Wahlkreise Konitz neugewählten Abgeordneten Osterrath, welcher äußerer Verhältnisse halber lange Zeit kein Mandat zum Abgeordnetenhause mehr hatte annehmen können, einen bewährten Veteranen und wackeren Kämpen der früheren katholischen Fraction im Hause wieder begrüßen zu können. Schon die Thronrede hatte angekündigt, daß es auch in der neuen Session des preußischen Landtages an Culturkampf nicht fehlen würde, indem hier auf das am 14. Februar im Abgeordnetenhause eingebrachte Gesetz über die Aufsichtsrechte des Staates bei der Vermögensverwaltung in den katholischen Diöcesen (publicirt am 7. Juni 1876) bereits hingewiesen wurde. Aber auch die Etats- und Petitionsberathungen, sowie eigene Anträge und Interpellationen gaben dem Centrum und den Polen Gelegenheit, die Culturkampfpolitik der Regierung bei Handhabung der Landes= und Polizeiverwaltung, insbesondere auch auf dem Gebiete des Vereins= und Versammlungsrechtes, des Kirchen= und Schulwesens, bei Behandlung der Gefangenen u. s. w., sowie in Bezug auf den Reptilienfonds zur Sprache zu bringen. Es wurde dabei auf die durch die Maigesetzgebung der katholischen Kirche in Preußen geschaffene Lage der protestantischen Landes= und Staatskirche gegenüber hingewiesen, die Gewalt und Stellung des Cultusministers gegenüber den verschiedenen Kirchen beleuchtet, die eigenthümliche Handhabung der neuen drakonischen Gesetze, welche oft noch weiter gehe, als das Gesetz es zulasse, wurde besprochen, die Paritätsverletzungen und Culturkampfbestrebungen, sowie einige Tactlosigkeiten auf dem Gebiete der Unterrichtsverwaltung auf allen ihr zustehenden Gebieten wurden gerügt. Von Anträgen und Interpellationen, welche von Seiten des Centrums und der Polen gestellt wurden, sind noch besonders zu erwähnen der Antrag des Abgeordneten Peter Reichensperger vom 9. Mai 1876 betreffend das Recht der Ertheilung des Religionsunterrichtes in der Volksschule, der Antrag des Abgeordneten Dr. Lieber betreffend die Einräumung der katholischen Kirche in Wiesbaden an die Altkatholiken, welcher indessen nicht mehr zur Verhandlung kam, der Antrag des Abgeordneten Meuken vom 17. März 1876 betreffend die Theilung des Wahlkreises Essen=Duisburg in zwei selbstständige Wahlkreise, die Interpellation des Abg. Dr. Franz vom 2. Mai 1876 betreffend den Vorfall wegen der empörenden sacrilegischen Behandlung consecrirter heiliger Hostien in der Pfarrkirche zu Ohlau, die Interpellation des Abg. von Heeremann vom 8. März 1876 betreffend das Verfahren der königlichen Regierung und des Oberpräsidiums zu Münster bezüglich der Benutzung der dort von den Ordensgenossenschaften der Kapuziner und Franziskaner innegehabten Gebäude. Die Culturkampfscene im Karmelitessenkloster in Köln brachte der Abg. Dr. Röckerath am 24. Februar 1876 bei der Etatsberathung über die Kölner Polizeiverwaltung zur Sprache. Am

30. Juni 1876 wurde die dritte Session und mit ihr die zwölfte Legislaturperiode des preußischen Landtages geschlossen. Der Culturkampf hatte bereits seinen Höhepunkt überschritten, wenigstens trat in der kirchen-politischen Gesetzgebung von nun an von Seiten der Regierung ein Stillstand ein.

Auch der deutsche Reichstag war in der Session von 1875 —1876 (der dritten der zweiten Legislaturperiode), vom Culturkampfe wieder nicht unbehelligt geblieben, indem in derselben die bekannte Strafgesetznovelle vom 26. Februar 1876, worin auch der sogenannte Kanzelparagraph durch einen Zusatz noch erheblich verschärft wurde, angenommen wurde.

Der neugewählte Landtag für die dreizehnte Legislaturperiode, welcher das Stärkeverhältniß der Centrumsfraction nicht wesentlich verändert sah, wurde am 12. Januar 1877 eröffnet. Bereits am 15. Januar erneuerte Abg. Reichensperger seinen durch den Erlaß des Cultusministers Dr. Falk vom 18. Februar 1876 hervorgerufenen Antrag in Betreff des Religionsunterrichtes in der Volksschule (Nr. 11 der Drucksachen), welcher aber zum Zeichen, daß bei unseren Gegnern trotz des inzwischen eingetretenen politischen und moralischen Katzenjammers noch keine Umkehr auf der verderblichen Culturkampfbahn und noch keine Wendung zum Bessern erfolgt ist, in der Sitzung vom 24. Januar trotz des Hinweises auf die klaren Bestimmungen in Artikel 12 und 24 der preußischen Verfassungsurkunde durch einfache Tagesordnung erledigt wurde. Einen ferneren Antrag stellte Abg. Reichensperger am 26. Januar 1876 auf Prüfung des Erlasses des Oberpräsidenten der Rheinprovinz vom 5. Februar 1876 betreffend die Beschlagnahme der Pfarrdotalgüter (Nr. 43 der Drucksachen), während die Verhängung von Executivstrafen Seitens der Staatscommissare für die bischöfliche Vermögensverwaltung bei Gelegenheit der Etatsberathung am 19. Februar durch den Abg. Viesenbach zur Sprache gebracht wurde. Andere Culturkampfangelegenheiten wurden, wie auch in früheren Jahren, gelegentlich bei Berathungen des Staatshaushaltes, der Petitionen und

Wahlprüfungen von Seiten der Centrumsfraction und den Polen berührt. Gegen Schluß der Session, welcher am 3. März 1877 erfolgte, hatte die Centrumsfraction den Tod des greisen Abg. Dr. von Gerlach zu beklagen, welcher am 18. Februar 1877 in Folge eines schnöden Unglücksfalles erfolgte. Die zweite Session der neuen Legislaturperiode begann am 21. October 1877. In derselben erfolgte am 27. Januar 1878 von Seiten der Regierung die Vorlage eines neuen Culturkampfgesetzes betreffend die Befugniß der Commissarien für die bischöfliche Vermögensverwaltung, in den „erledigten" Diöcesen Zwangsmittel anzuwenden (Nr. 210 der Drucksachen), welches bereits am 13. Februar 1878 publicirt wurde. Hervorgerufen wurde dieses Gesetz durch die Haltung des Abgeordnetenhauses, welches auf Veranlassung von den Seitens des Centrums vorgebrachten Petitionen und Beschwerden mehrfach in der gegenwärtigen und in der verflossenen Session die Berechtigung der Regierungscommissare zur Verhängung von Zwangsmitteln auf Grund der bisherigen Gesetzgebung nicht anzuerkennen vermocht, dabei aber die Bereitwilligkeit zur Sanctionirung eines solchen neuen Gesetzes zu erkennen gegeben hatte. Von den gewöhnlichen Culturkampfdebatten, welche sich bei der Berathung der Petitionen, des Etats u. s. w. entspinnen, wollen wir hier besonders auf die Sitzung vom 7. November 1877, in welcher der sogenannte Deutsche Verein des Herrn Dr. v. Sybel und die Affaire Konitzer zur Sprache gebracht wurden, hinweisen. Außerdem kamen noch durch den Antrag des Abg. Bachem vom 15. December 1877 betreffend die Polizeimaßregeln gegen die Gemeinde Marpingen (Nr. 139 der Drucksachen), und die Interpellation des Abg. Dr. v. Stablewski vom 15. November 1877 in Betreff der durch die Anstellung des Staatspfarrers Breuk hervorgerufenen Zustände in Kosten (Nr. 62 der Drucksachen) außergewöhnliche Culturkampfsituationen zur Kenntniß des hohen Hauses. Am 30. März 1878 wurde die Session geschlossen, welche den Glauben an eine baldige Gesinnungsänderung der Regierung im kirchenpolitischen Kampfe auch schon darum nicht aufkommen ließ, als im Gegentheil in ihr die Culturkampfgesetzgebung sogar auf den bisher davon noch unberührten Kreis des vor Kurzem mit dem preußischen Staate vereinigten, fast ausschließlich protestantischen Herzogthums Lauenburg ausgedehnt wurde [1]).

Die dritte und voraussichtlich letzte Session der dreizehnten Legislaturperiode des preußischen Landtages wurde am 19. November 1878 eröffnet. Die Centrumsfraction gab schon gleich im Anfange derselben, trotzdem man das Centrum von gegnerischer Seite bereits im Kampfe als mürbe geworden und zerrieben dargestellt hatte, dafür den Beweis, daß sie für das Wohl des Volkes sowohl auf bürgerlichem wie kirchen-politischem Gebiete noch immer auf der Warte steht. Am 22. November brachte nämlich der Abg. Freiherr von Schorlemer-Alst im Abgeordnetenhause eine Interpellation wegen gesetzgeberischer Maßnahmen gegen den Wucher (Nr. 21 der Drucksachen) ein, welcher er am 6. December 1878 einen Antrag in derselben Richtung (Nr. 42 der Drucksachen) folgen ließ. Der Abg. Windthorst (Meppen) brachte ebenfalls am 6. December einen Antrag betreffend die Wiederherstellung der Artikel 15, 16 und 18 der preußischen Verfassungsurkunde vom 31. Januar 1850 in der ursprünglichen Fassung (Nr. 41 der Drucksachen) ein, welcher am 29. Januar 1879 im Plenum zur Verhandlung kam. Am 9. December ließ er diesem einen Antrag wegen Abänderung des Gesetzes vom 31. Mai 1875 betreffend die geistlichen Orden und ordensähnlichen Congregationen der katholischen Kirche (Nr. 50 der Drucksachen) folgen. Leider zeigten die Falk'schen Auslassungen in der Sitzung vom 11. December, wo letzterer Antrag auf der Tagesordnung stand, sowie die abwehrende Haltung der gegnerischen Parteien zu diesem Antrage, welche auf einfache Tagesordnung votirten, daß sowohl die Regierung wie die Majorität des Abgeordnetenhauses im Culturkampfe von wirklichen Friedensgedanken noch weit entfernt sind. Das angebliche Friedensgeläute im officiösen Lager schien demnach nur angestellt zu werden, um etwaige Gimpel zu

---

[1]) Vergl. Nr. 258 der Drucksachen und Gesetze vom 16. März 1878.

neuen, noch weiter gehenden Plänen zu fangen und dürfte nur Phrasengeklingel sein, das wohl Niemanden auf die Leimruthe locken wird. Und doch lief der Windthorst'sche Klosterantrag nur auf ein Minimum hinaus mit der Forderung, daß die weitere Ausführung des Klostergesetzes vom 31. Mai 1875 für die wenigen noch bestehenden klösterlichen Unterrichts- und Erziehungsanstalten — es sind von 559 Niederlassungen, welche bei Erlaß des Klostergesetzes noch bestanden, jetzt, nach der Aeußerung des Cultusministers nur noch 27 übrig — einstweilen sistirt werden sollte, und trotzdem diese schroffe Abweisung! Die Situation wurde durch diesen Vorgang, der auch dem Blindesten die kirchen-politische Lage klar machen mußte, auf heilsame Weise geklärt, und in dieser Beziehung können wir Herrn Dr. Falk und unseren Gegnern sogar für ihre Offenheit und Schroffheit danken. Das für den Reichstag in Aussicht stehende und wohl hauptsächlich die Mitglieder der Centrumsfraction mit treffen sollende Maulkorbgesetz gab unsererseits Veranlassung zu dem Antrage des Freiherrn v. Heeremann vom 15. Januar in Bezug auf den dem Bundesrath des deutschen Reiches vorgelegten Gesetzentwurf vom 31. December 1878, betreffend die Strafgewalt des deutschen Reiches über seine Mitglieder (Nr. 117 der Drucksachen), welcher Antrag zum Schutze der Redefreiheit am 23. Januar im hohen Hause zur Verhandlung kam. Die Hauptklagen über die durch den Culturkampf uns Katholiken geschaffene Lage wurden natürlich auch in dieser Session wieder, wie immer, bei den verschiedenen Berathungen des Staatshaushaltsetats und der Petitionsberichte zur Sprache gebracht, jedoch bewirkte der frühzeitige Sessionsschluß, der heuer wegen des Zusammentritts des Reichstages bereits am 21. Februar erfolgte, daß viele der in den Petitionsberichten niedergelegten Klagen des katholischen Volkes nicht mehr auf der Tribüne besprochen werden konnten. Die Debatten waren in dieser Session stellenweise wieder so lebhaft, wie man sie nur in den wildesten Zeiten des Culturkampfes zu hören' gewohnt war.

V.

Die Lage und Aufgabe der Centrumspartei in Gegenwart und Zukunft.

Per aspera ad astra!

Die Fraction des Centrums als parlamentarische Vertretung des katholischen Volkes im preußisch-deutschen Staate kann, so lange es ein Preußen-Deutschland gibt, als eine Naturnothwendigkeit erscheinen. Die Wahrheit und Richtigkeit dieses Satzes dürfte klar sein, wenn man die Lage der katholischen Kirche und die Behandlung ihrer Bekenner im preußischen Staate an der Hand der Geschichte verfolgt. Sie würde sich auch jetzt wieder zeigen, wollte die Centrumsfraction etwaigen von Außen oder von Innen an sie herantretenden politischen Erwägungen nachgebend, den heißesten Wunsch des Fürsten Bismarck erfüllen und sich auflösen, woran aber vor der Hand noch nicht zu denken ist, und was auch wohl, wenigstens so lange der Culturkampf dauert, nicht so leicht geschehen wird. Träte aber dieser Fall einmal ein, so würde sich dann gar bald die Nothwendigkeit wieder ergeben, die Fraction, ob unter demselben oder anderem Namen — das ist ja gleichgültig — aber jedenfalls mit demselben Wesen wieder aufleben zu machen. In den sechsziger Jahren, wo auch innere und äußere, sogenannte Zweckmäßigkeitsgründe es der Fraction nahe zu legen schienen, diesen letzteren Rechnung zu tragen und sich aufzulösen, hat übrigens die Erfahrung schon einmal die Wahrheit des Gesagten bewiesen, und wollen wir hier nochmals daran erinnert haben. Ebensowenig aber werden wir uns von unserem bewährten Generalfeldmarschall, dem Abg. Windthorst (Meppen), in dessen meisterhafte Führung wir das vollste Vertrauen setzen, jemals freiwillig trennen lassen. Niemals werden wir uns, um hier mit den Worten des seligen Abg. von Mallinkrodt zu sprechen, diese kostbare Perle aus der Fassung, in welcher sie gegenwärtig in dem Diadem der Centrumsfraktion strahlt, rauben lassen. Wir halten es für nothwendig, diese Bemerkung hier einigen in der auswärtigen, besonders auch bayerischen Presse, laut gewordenen Stimmen und auch einer neuerdings von einem durch seinen Bismarck=Enthusiasmus bekannten badischen Publicisten verfaßten Schrift gegenüber zu betonen. Jene Leute scheinen nämlich auch noch nicht die mindeste Kenntniß von der Lage der katholischen Kirche in Preußen und von den Gefühlen, welche die preußischen Katholiken gegenwärtig bewegen, bekommen zu haben, trotzdem die Thatsachen bei uns so laut sprechen und sogar fast die Steine der durch den Culturkampf brach gelegten und stille gewordenen Kirchen und Klöster zu rufen anfangen. Ist man denn jenseits der Mainlinie in einem solchen Reichsenthusiasmus befangen, daß die Augen blind und die Ohren taub geworden sind, oder will man den süddeutschen Maßstab gar an uns anlegen und uns und unsere Thatkraft nach dortigen Verhältnissen, besonders aber nach den bekannten Zuständen in Bayern beurtheilen! Man verzeihe, daß wir unserem Unmuthe hier Ausdruck geben, aber wer sollte das nicht, wenn er diejenigen, von welchen er Sympathie oder Beistand erwarten dürfte, dem Feinde gutmüthiger oder gar verrätherischer Weise, was wir hier aber durchaus nicht annehmen wollen, Vorschub leisten sieht. Wenn man uns in Süddeutschland, anstatt an unserer Seite zu stehen, in unserem Ringen um die kirchliche und bürgerliche Freiheit nur hemmen und nicht helfen will, dann lasse man uns den großen Kampf mit Gottes Hülfe allein ausfechten, Zwischenträgereien aber wollen und können wir nicht dulden.

Nein, auflösen wird die Fraction des Centrums sich nicht,

und mag dieses Verlangen nach der Entwaffnung und Wehrlosmachung des katholischen Volkes auch noch so oft gestellt werden. Das katholische Volk stellt seinen vielen Gegnern gegenüber auch seine Forderungen nach „Friedensgarantieen". Die Officiösen mögen von anderen Leuten, deren Sinne durch die großen politischen Erfolge der letzten Jahre berückt zu sein scheinen, das gehorsame Kriechen auf bloßen Wink hin gewohnt sein, das katholische Volk beugt seine Knie nicht vor dem Erfolge. Die Grundsätze, welche im gegenwärtigen Kampfe unsere Devise bilden, haben sich, wie die Geschichte zeigt, immer, selbst vor den Allgewaltigen der verflossenen Jahrhunderte, bewährt und schließlich stets den Sieg errungen. Auch dem gegenwärtigen Wunsche der Officiösen und zweifelhaften Freunde gegenüber wird das Centrum als p o l i t i s ch e Vertretung des katholischen Volkes seine Fahne nicht senken. Nec soli, nec Jovi cedit! Gewiß wünscht Keiner sehnlicher den Frieden zwischen Staat und Kirche, als die Mitglieder der Centrumsfraction, und sie würden zum Zustandekommen desselben selbst die größten persönlichen Opfer zu bringen stets bereit sein. Auch würden sie jeden Friedensabmachungen, welche dem heiligen Vater, der j a a l l e i n d a r ü b e r z u e n t s ch e i d e n h a t, annehmbar erscheinen, mit Freuden sich unterwerfen, aber es ist sicher, daß der Frieden zwischen Berlin und Rom, so lange man in Berlin unter demselben die Unterwerfung der preußischen Katholiken unter die Maigesetzgebung mit dem Princip der Ueberordnung des Staates über die Kirche versteht, nicht zu Stande kommen wird. Nur wenn zuvor die Hand des Allmächtigen, so weit scheint es leider gekommen zu sein, nochmals die Zuchtruthe über die Völker und Staaten geschwungen und sie mürbe gemacht hat, dürften dieselben bekennen, daß Er allein der Herr ist. Die Katholiken und die katholische Kirche sind es nicht, welche zu dem „Culturkampfe" Veranlassung gegeben haben. Sie sind es nicht, welche die sogenannte Maigesetzgebung provocirt haben, die in manchen Punkten selbst die Gesetzgebung des für uns Katholiken so feindlichen preußi-

schen allgemeinen Landrechtes noch übertrifft, wo es beispiels=
weise im Gegensatze zu dem jetzt gegebenen bekannten Maige=
setze in Theil II, Titel 11 § 107 noch heißt: „Wann und wie
ein katholischer Priester bei der Entsetzung **auch seines
geistlichen Charakters** verlustig wird, ist nach den
Grundsätzen seiner Kirche zu beurtheilen." Vollständige
restitutio in integrum, Wiederherstellung der Artikel der Ver=
fassungsurkunde in ihrer ursprünglichen Form, welche die Frei=
heit und Selbstständigkeit der katholischen Kirche in Preußen
garantiren, also Zurückführung des vorherigen status quo,
unter dem Staat und Kirche so segensreich zusammengewirkt
haben, müssen und können wir Katholiken daher mit Recht
verlangen. Aber noch mehr wie das, es muß durch erhöhte
verfassungsmäßige Sicherstellung der Freiheit und Selbstständig=
keit der Kirche, namentlich auch in Bezug auf die Freiheit des
Unterrichts dafür Sorge getragen werden, daß die jetzigen Zu=
stände sich nicht so leicht mehr wiederholen können. Eher wird
auch das im katholischen Volke im Hinblick auf die Erfahrun=
gen der Geschichte mit Recht grassirende Mißtrauen nicht
schwinden, bis diese Forderungen staatlicherseits erfüllt sind.
Es handelt sich nämlich hier nicht um eine Gnade, sondern
um unser gutes Recht, welches wir bereits erworben hatten,
ehe wir dem gegenwärtigen Staate einverleibt wurden. Erst
dann wird der kirchliche Frieden im Lande wieder neu aufge=
baut werden können, wenn der katholischen Kirche in ihrem
segensreichen Wirken ferner kein Hinderniß in den Weg mehr
gestellt werden kann, wenn sie auf jedem Gebiete, namentlich
aber in der kirchlichen Verwaltung und Disciplin, in der
durchaus freien Vermögensverwaltung, in der Ertheilung des
Religionsunterrichtes, in der religiösen Ueberwachung der Schu=
len und in der freien Entfaltung des Ordenslebens volle Frei=
heit und Selbstständigkeit wieder zurückerhalten hat. Das sind
die Forderungen, welche vor allem das Centrum als die **po=
litische** Vertretung des katholischen Volkes bis zu ihrer Er=
füllung zu stellen nicht aufhören wird. Ohne religiöse ist

keine bürgerliche Freiheit möglich, wird jene bedroht, so ist auch letztere in Gefahr. Wir brauchen zum Beweise der Wahrheit dieses Satzes nicht in die ferne Vergangenheit zurückzugreifen, da die Geschichte der letzten Jahre und die Gegenwart dieselbe tagtäglich vor Augen stellen. Und ist es nicht eine eigenthümliche Thatsache, wenn man nicht sagen will Nemesis, daß die vereinigten gegnerischen Parteien, welche im Culturkampfe zum Untergange der religiösen Freiheit sich die Hand bieten, um theils schwach und machtlos, theils zustimmend und zuvorkommend geworden sind, wo es sich um die Vertheidigung auch der bürgerlichen Freiheit handelt, und daß es fast allein wiederum die so viel geschmähte Centrumsfraction ist, welche auch in dieser Beziehung ihre Fahne aufrecht und unbefleckt hält!

Groß ist also die Aufgabe, welche das Centrum in der Vertheidigung und Zurückeroberung der religiösen und bürgerlichen Freiheit sich gestellt hat. Trotz aller Angriffe und Verdächtigungen, welche der Fraction aus dem gegnerischen Lager in reichlichem Maße von Anfang an zu Theil geworden sind, hat sie ihr Ziel unverrückt im Auge behalten und hat, so weit es Menschen möglich ist, in reichem Maße ihren Zweck erfüllt. Das katholische Volk aber, dessen begeisterter Beifall und Zustimmung neben dem Segen des Allerhöchsten ihr als größter Lohn zu Theil ward, wird auch ferner der Fraction treu zur Seite stehen. Die bevorstehenden Wahlen zum preußischen Landtage werden es, wie die vorigjährigen zum deutschen Reichstage, wieder zeigen, daß nicht allein die alten bewährten Vertreter des katholischen Volkes vollzählig auf der Berliner Arena künftigen Herbst wieder erscheinen, sondern daß dieselben hoffentlich durch die Eroberung von bisher noch zweifelhaften Wahlkreisen wo möglich noch durch neue Kräfte verstärkt werden.

Das Centrum hat bisher, wie selbst seine Gegner ihm zugestehen müssen, redlich im Kampfe für Wahrheit, Freiheit und Recht seine Pflicht gethan. Nicht Hohn, Verdächtigung und

Verleumdung, was in vollem Maße ihm zu Theil ward, nicht augenblicklicher scheinbarer Mißerfolg haben das Centrum von seiner Bahn abzubringen vermocht, indem es vertrauensvoll den Erfolg seines Wirkens Demjenigen, von dem alles Gute kommt, in die Hand legte. Die Fraction des Centrums wird auch fernerhin ihre Pflicht mit Gottes Hülfe erfüllen, und sollten die Zeiten selbst noch schlimmer und härter für uns werden. Lassen sich doch schon jetzt im gegnerischen Lager Stimmen vernehmen, welche auch so eine Art von Socialisten=gesetz für die Centrumspartei geschmiedet wissen wollen, und die hauptsächlich darauf hinausgehen, die parlamentarische Red=nertribüne, von welcher augenblicklich allein noch frei die Stimme des katholischen Volkes in alle Welt ertönen kann, für die Centrumsmänner für immer zu unterdrücken. Was aber auch kommen mag, wir verlieren den Muth nicht, indem wir wissen, daß der alte Gott noch lebt, ohne dessen Zulassung nichts in der Welt geschieht. Freudig unterwerfen wir uns Seinen Rathschlüssen, von denen wir wissen, daß sie uns und seiner Kirche nur zum Heile gereichen. Dieses Gottvertrauen hatte unser edler Vorkämpfer Hermann v. Mallinkrodt noch auf dem Sterbebette bewahrt, und überzeugt von der ewigen Wahr=heit der göttlichen Verheißung schloß er getrost seine Augen. Aber auch das katholische Volk findet selbst in den größten Leiden und Bedrängnissen dieses Lebens Muth und Gottver=trauen in den Worten, mit welchen der selige Abg. v. Mallink=rodt seine letzte Rede an die um ihn versammelten Fractions=genossen schloß und die auch den letzten Seufzer wohl bildeten, womit er seine edle Seele zum Himmel sandte, die da lauten:

Per crucem ad lucem!

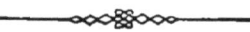